AF389935

ATLAS PORTATIF

POUR SERVIR A L'INTELLIGENCE

DE L'HISTOIRE

PHILOSOPHIQUE

ET POLITIQUE

DES ETABLISSEMENS ET DU COMMERCE DES
EUROPE'ENS DANS LES DEUX INDES.

A AMSTERDAM,

Chez { E. VAN HARREVELT,
D. J. CHANGUION, } Libraires.

M DCC LXXIII.

AVERTISSEMENT.

Nous nous acquittons avec empreſſement de l'obligation que nous nous ſommes impoſée, de donner au Public un petit *Atlas* relatif à *l'Hiſtoire Philoſophique & Politique des Etabliſſemens & du Commerce des Européens dans les deux Indes.*

Ce ſeroit en vain que nous nous appeſanterions ſur l'utilité de cette petite Collection ; il n'eſt point de Lecteur, tant ſoit peu intelligent, qui n'ait deſiré de pouvoir accompagner ſes lectures, de l'inſpection des lieux que l'éloquent Hiſtorien lui fait parcourir. Surpaſſant par la rapidité de ſon ſtile, la viteſſe des vaiſſeaux de nos Conquérans, l'imagination a peine à le ſuivre, la mémoire ſe trouve en défaut ; mais ces inconvéniens disparoiſſent par la reſſource que nous offrons au Public. Quelle ſatisfaction d'ailleurs de pouvoir juger par la poſition & la nature des contrées, des pays, des iſles dont il parle, de la juſteſſ: des descriptions brillantes & pompeuſes qu'il en fait ? de pouvoir apprécier par la facilité ou les obſtacles que préſentent des lieux qu'il montre à l'avidité européenne comme une conquête aiſée, la poſſibilité ou la difficulté de l'exécution ?

Si c'étoit un livre ordinaire, notre entrepriſe ſeroit tout au moins inutile ; mais les premieres Editions promtement épuiſées ſont un ſûr garant que nous ne nous ſommes pas trompés dans le jugement avantageux que nous en avons porté, & par conſéquent, que le ſoin que nous avons pris de raſſembler les Cartes qui peuvent en faciliter l'intelligence, ne peut être qu'agréable aux Lecteurs.

On pourroit ſoupçonner que l'Auteur n'a donné à ſon Hiſtoire le titre de *Philoſophique* que pour en impoſer à un ſiecle enthouſiaſte de tout ce qui porte le nom de philoſophie ; mais à la lecture, il eſt aiſé de reconnoître qu'il n'avoit pas beſoin de ce foible ſecours, & que ſi réellement il a voulu donner quelque choſe à la manie de nos jours, ce n'a été que pour rendre plus ſenſibles ſes réflexions en les aſſaiſonant au goût du Lecteur. Nous ne croyons pas non plus que ſon but ait été d'attaquer la Religion ; (c'eſt cependant à quoi ſe réduit en derniere analyſe ce qu'on appelle aujourd'hui Philoſophie) mais nous penſons que la conduite irréguliere & cruelle des premiers Conquérans Européens, leur inhumanité & leur barbarie, trop fidélement imitées par leurs ſucceſſeurs, ont arraché à l'Hiſtorien ſenſible, des Réflexions qui peut-être n'étoient pas entrées d'abord dans le plan de ſon ouvrage.

4

Quoi qu'il en foit, on ne peut nier que fon Hiftoire ne foit un morceau pré-
cieux & intéreffant, où il eft difficile de choifir entre les traits fublimes qu'il pré-
fente à chaque inftant. Il faut convenir qu'elle eft remplie de vues qui, fans
aller au détriment des Puiffances de l'Europe, leur indiquent les moyens de fou-
lager l'Humanité accablée dans l'Afrique & dans les deux Indes, fous les fers de
l'efclavage & fous la rigueur du Defpotisme.

Nous ne pouvons donc que nous féliciter d'avoir pu contribuer en quelque
chofe aux bons effets que ce Livre peut produire, & nous nous flattons d'y avoir
réuffi par le petit *Atlas* que nous y avons adapté. Outre l'avantage de mettre
fous les yeux du Lecteur, les lieux que l'Auteur décrit, on pourra encore, en
lifant la Table des Cartes, voir rapprochés l'un de l'autre, les différens endroits
où l'Hiftorien a parlé du même pays, de la même contrée, de la même Ifle;
avantage confidérable, puifqu'il épargne au curieux la peine de feuilleter fix vo-
lumes pour fe mettre au fait de ce que l'Auteur en a dit, & que cette Table des
Cartes fupplée en quelque forte à une Table des Matieres qu'un Ouvrage auffi
étendu paroît exiger.

Pour cela, nous avons difpofé les Cartes felon l'ordre de la narration, & nous
avons indiqué de fuite les Tomes & les Pages où il eft traité des lieux repréfentés
dans la Carte. Ce procédé met dans les matieres une fuite qu'on y chercheroit
vainement, l'Ecrivain ayant toujours fuivi l'ordre des Découvertes, ou les Voyageurs des différentes Nations, fans égard à la pofition Géographique. Cette mé-
thode fourniffoit bien plus à fon imagination brillante; mais elle l'a engagé à
revenir plufieurs fois fur les mêmes objets avant que de les épuifer, & notre Table réunit fous un coup d'œil tout ce qu'il en a dit.

L'objet principal de l'Hiftorien étant de faire connoître les Etabliffemens des
Européens dans les deux Indes, pour nous conformer à fon intention, nous avons
donné les Cartes de ces contrées les plus détaillées qu'il nous a été poffible, ren-
voyant, pour ce qui regarde l'Afrique, à la Mappemonde, tant pour ne point
trop multiplier les Cartes, que parce que cette partie du Globe entre moins
directement dans le plan de l'Auteur.

Ce petit Atlas eft compofé de 46 Cartes très-proprement enluminées. On
pourra fe le procurer au prix de 7 florins jufqu'au 1er Novembre de cette année; paffé ce terme, il fe vendra dix florins.

(5)

TABLE INDICATIVE

DES PAYS, DES ROYAUMES ET DES ISLES DONT IL EST
TRAITE' DANS *L'HISTOIRE PHILOSOPHIQUE DES
ETABLISSEMENS DES EUROPE'ENS DANS LES DEUX
INDES.* AVEC LES RENVOIS AUX CARTES QUI EN
FACILITENT L'INTELLIGENCE.

TOME I.

* 3

T O M E III.

T O M E IV.

(9)

TOME VI.

LISTE DES CARTES DE CET ATLAS.

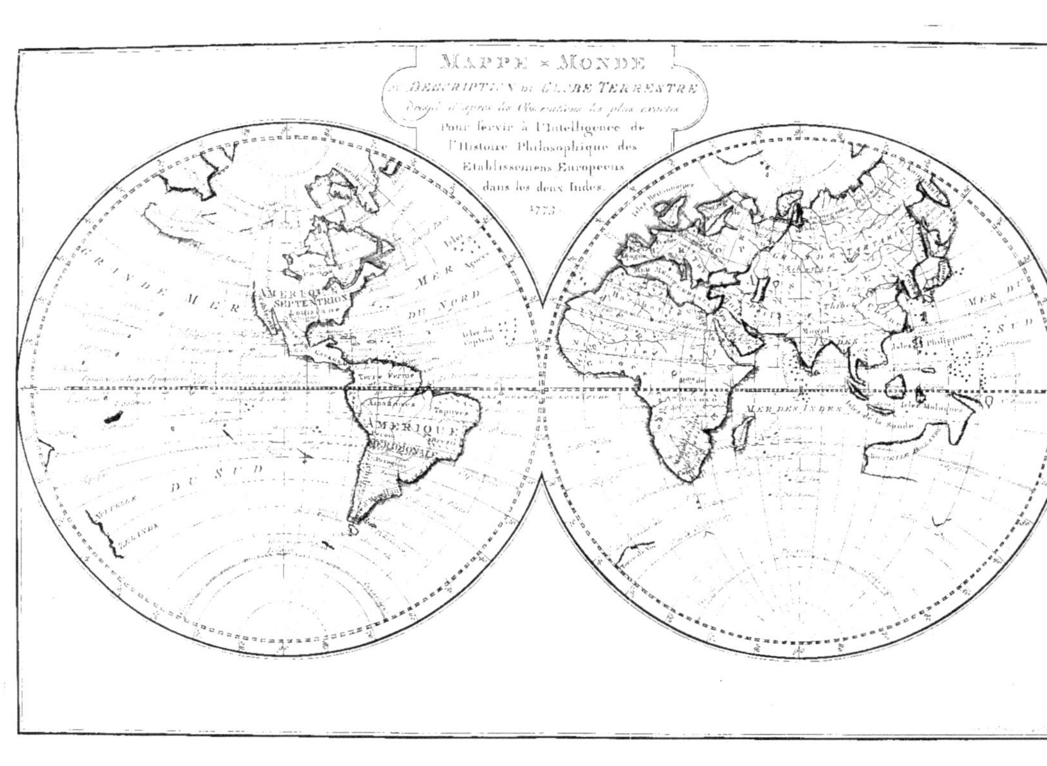

MAPPE-MONDE
ou DESCRIPTION du GLOBE TERRESTRE
Dressé d'après les Observations les plus exactes
Pour servir à l'Intelligence de
l'Histoire Philosophique des
Etablissemens Europeens
dans les deux Indes.
1773.
GRANDE MER
AMERIQUE SEPTENTRIONALE
MER DU NORD
AMERIQUE MERIDIONALE
Terre Ferme
DU SUD
EUROPE
AFRIQUE
ASIE
Mogol
MER DES INDES
MER DU SUD
Isles Philippines
Isles Moluques
Isles de la Sonde

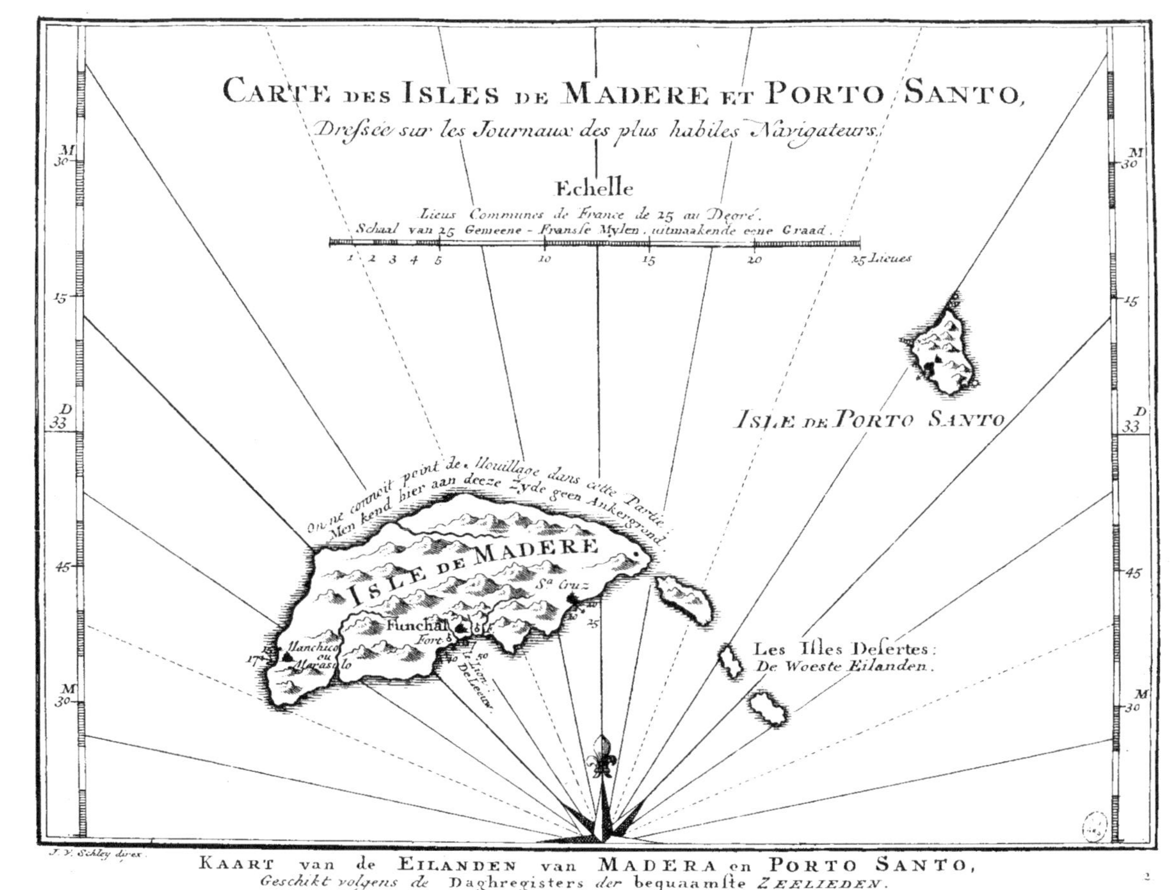

CARTE DES ISLES DE MADERE ET PORTO SANTO,
Dressée sur les Journaux des plus habiles Navigateurs.
Echelle
Lieus Communes de France de 25 au Degré.
Schaal van 25 Gemeene - Fransse Mylen, uitmaakende eene Graad.
1 2 3 4 5 10 15 20 25 Lieues
ISLE DE PORTO SANTO
On ne connoit point de Mouillage dans cette Partie.
Men kend hier aan deeze Zyde geen Ankergrond.
ISLE DE MADERE
Sa Cruz
Funchal
Fort
Manchico ou Marasulo
De Leeuw
Les Isles Desertes:
De Woeste Eilanden.
J. V. Schley direx.
KAART van de EILANDEN van MADERA en PORTO SANTO,
Geschikt volgens de Daghregisters der bequaamste ZEELIEDEN.

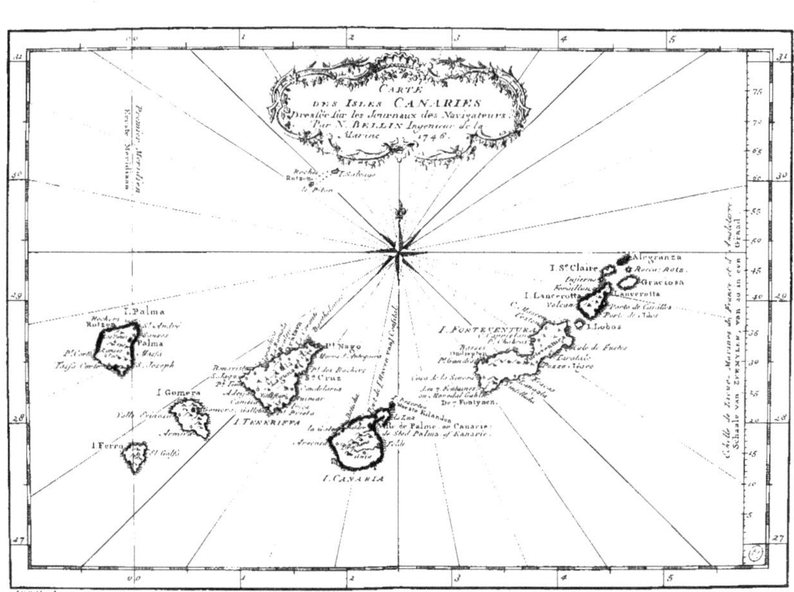

KAART van de KANARISE — EILANDEN, gerigt op de Daghregisters der Zeelieden.
Door N. BELLIN, Ingenieur van de Franse — Zeemagt, A.° 1746.

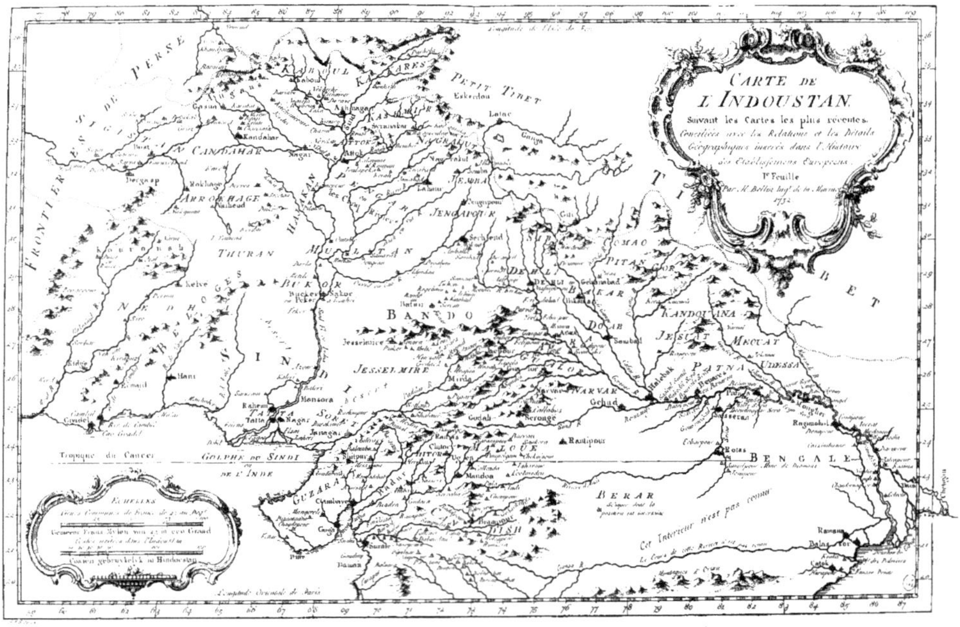

KAART VAN HINDOESTAN, volgens de nieuwste Kaarten. Ister Blad. Door den Hr. Bellin.

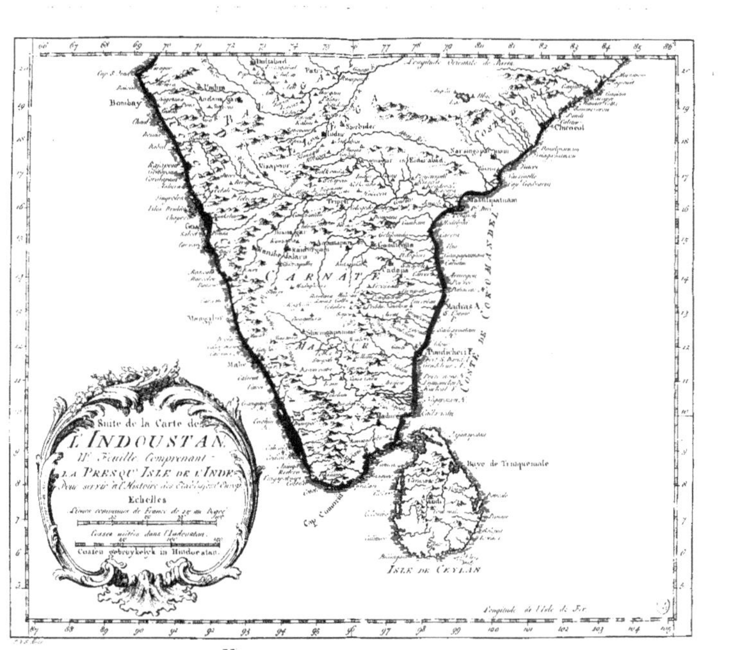

VERVOLG VAN DE KAART VAN HINDOESTAN, II.de Blad, vervattende 't HALF-EILAND VAN INDIEN.

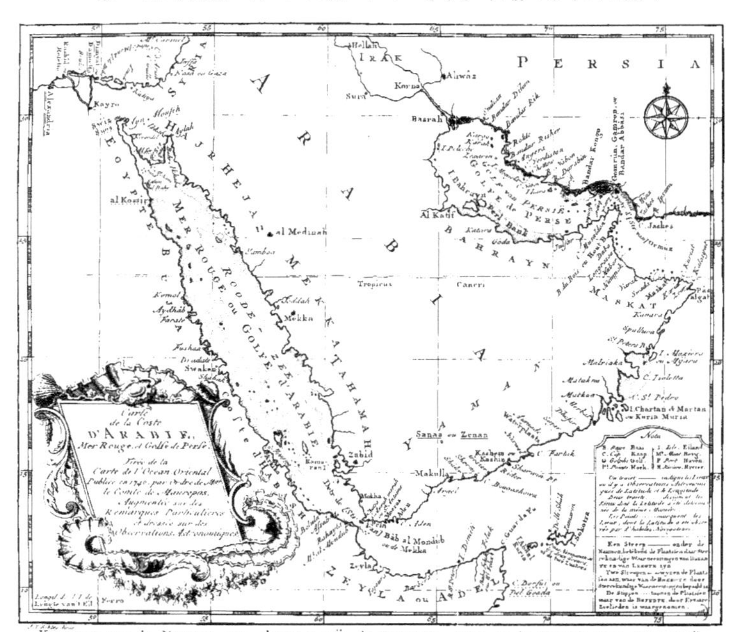

KAART van de KUST van ARABIË, de ROODE-ZEE en de GOLF van PERSIË.
Gemaakt na de Fransse-Kaart van den Ooster-Oceaan, uitgegeeven A.º 1740 op Bevel van den H.re Grave de Maurepas:
Vermeerderd op byzondere Aanmerkingen, en geschikt volgens Sterrekundige-Waarneemingen.

KAART VAN 'T EILAND CEILON.
Om te dienen voor de HIST. BESCHR. der VOLKPL. Door N. BELLIN, Ingenieur des Fransfen Zeewesens. 1750.

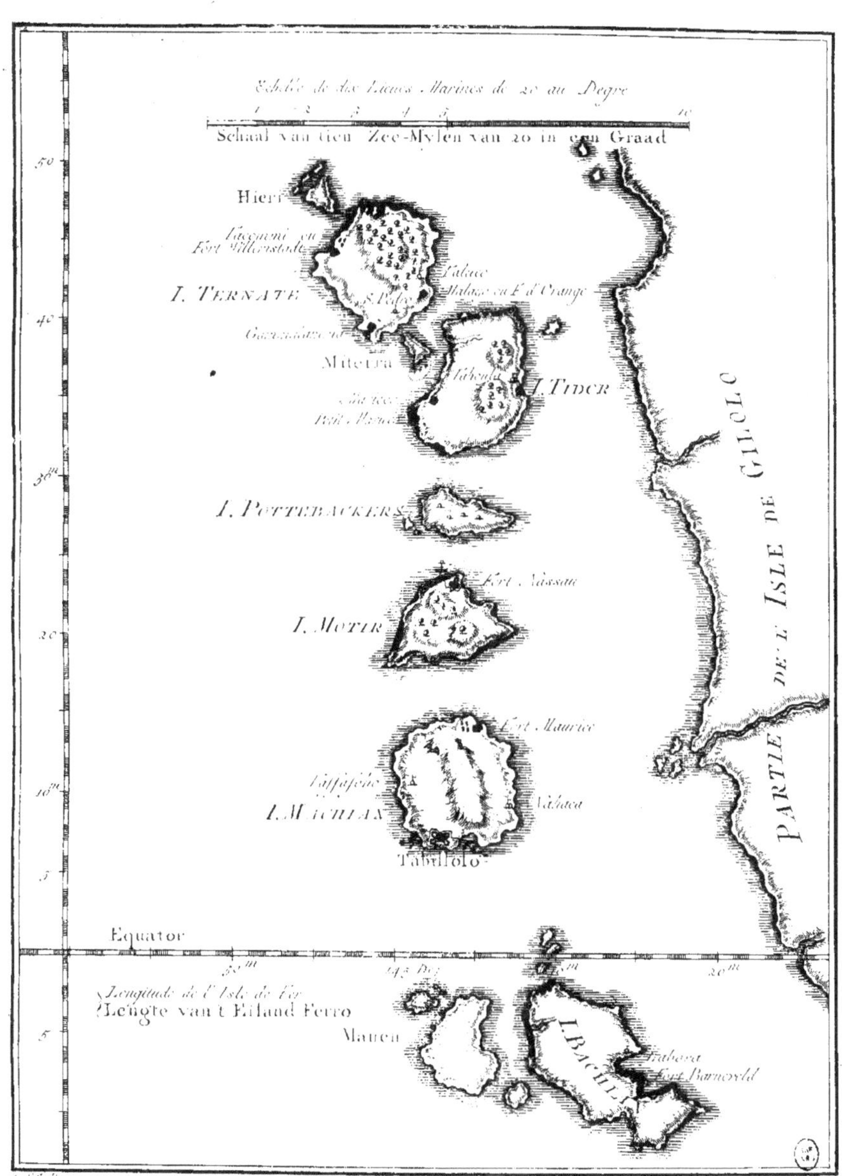

CARTE PARTICULIERE DES ISLES MOLUQUES.
BYZONDERE KAART DER MOLUKZE EYLANDEN.

t KEIZERRYK van CHINA, om te dienen tot de HISTORISCHE BESCHRYVING der REIZEN, door N. BELLIN, Ingenieur des Franschen Zeevaards.

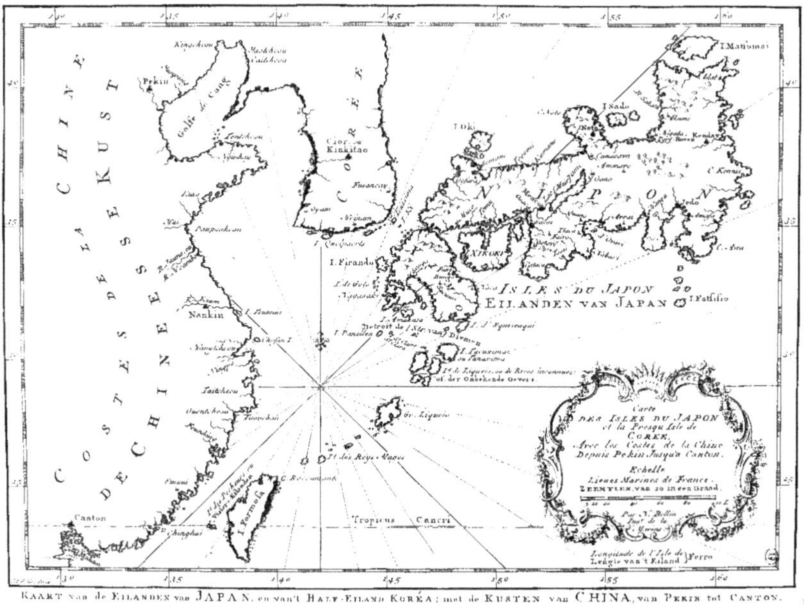

KAART van de EILANDEN van JAPAN, en van't HALF-EILAND KORÉA; met de KUSTEN van CHINA, van PEKIN tot CANTON.

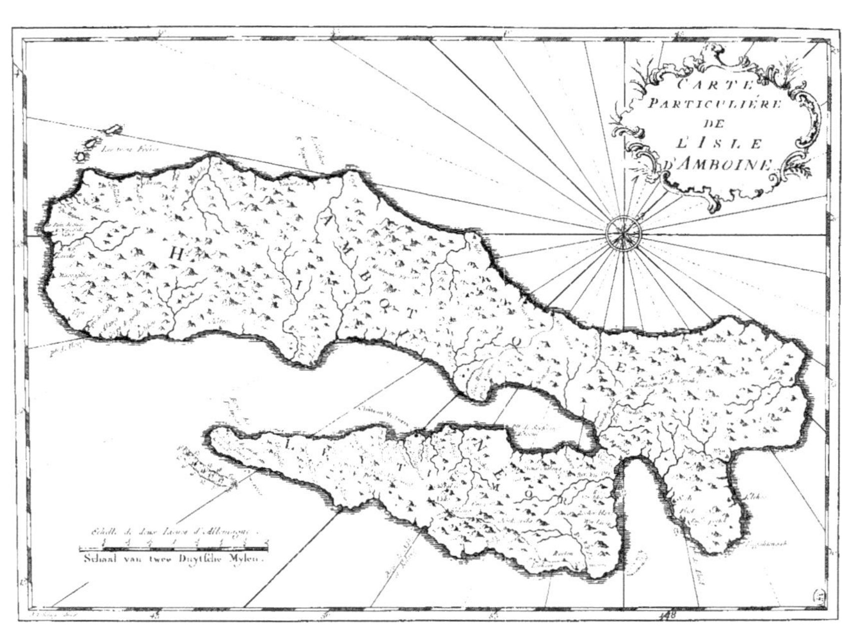

Echelle de deux Lieues d'Allemagne.
Schaal van twee Duytsche Mylen.

BYZONDERE KAART VAN HET EYLAND AMBOINA.

NIEUWE KAART VAN HET EILAND JAVA,
Geschikt volgens de jongste Waarneemingen op Order der Nederlandsche O. I. Maatschappy gedaan.

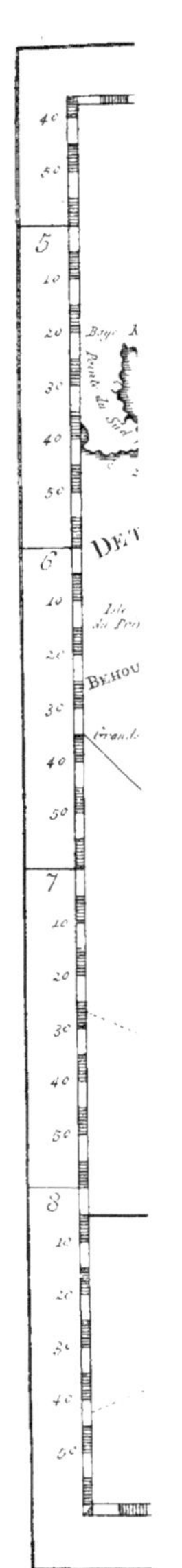

5
6
7
8
Baye A
Pointe du Sud
DÉT
Isle du Pros
BEHOU
Grande
J. D. Schley dir.

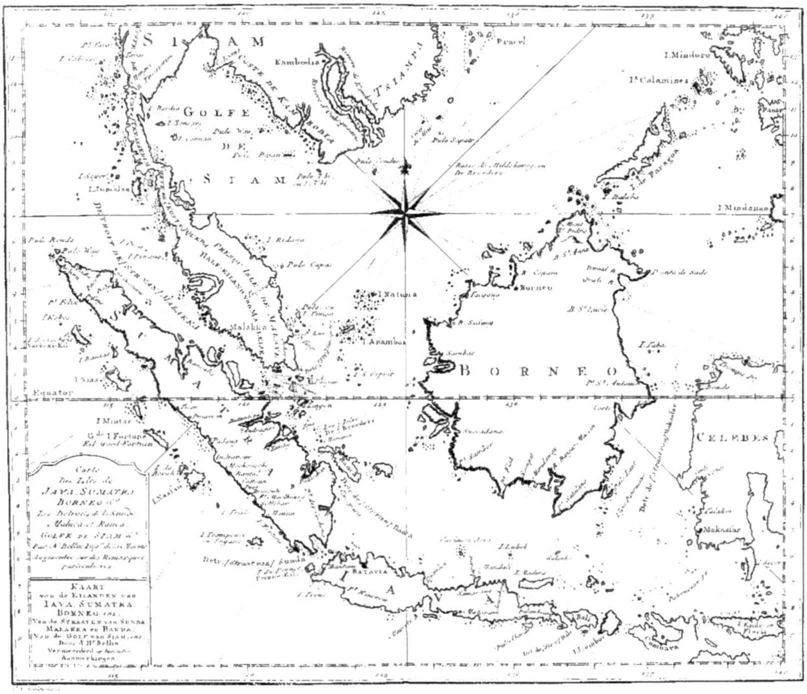

Carte
Des Isles de
JAVA, SUMATRA
BORNEO &c.
Les Detroits de la Sonde
Malaca, et Banca
GOLFE DE SIAM &c.
Par M. Bellin Ingr. de la Marine
Augmentée sur des Remarques
particulieres.

KAART
van de EILANDEN van
JAVA, SUMATRA,
BORNEO enz.
Van de STRAATEN van SUNDA
MALAKKA en BANKA,
Van de GOLF van SIAM enz.
Door d. H. Bellin
Vermeerderd op byzondere
Aanmerkingen

SIAM

Kambodia

COSTE DE KAMBODIA

TSIAMPA

Prasel

I. Mindoro

I.s Calamines

GOLFE
DE
SIAM

Pulo Condor

Rasse de Mddchkang en
De Broeders

I. Mindanao

I.s de Paragoa

Punta de Nade

BORNEO

Natuna

Anambas

Malakka

Equator

I. Niaas

I. Mintao

G. de l. Fortune
Eil. van't Fortuin

CELEBES

Makassar

BATAVIA

JAVA

Str. (Straat van) Sunda

Bali

Lombok

Sumbava

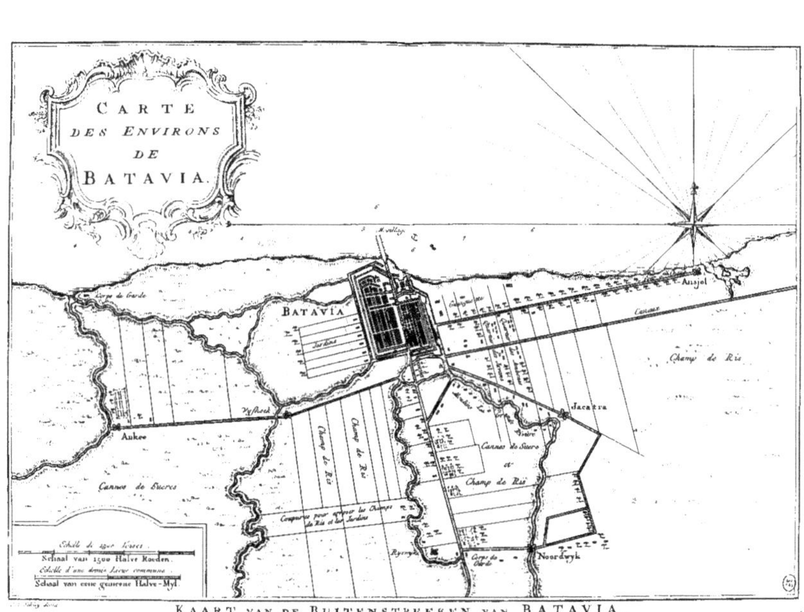

CARTE DES ENVIRONS DE BATAVIA.
Corps de Garde
BATAVIA
Jardins
Anajol
Canaux
Champ de Ris
Vyshoek
Jacatra
Aukee
Champ de Ris
Champ de Ris
Cannes de Sucres
Cannes de Sucres et Champ de Ris
Comparis pour arrocer les Champs de Ris et les Jardins
Rysnyk
Corps de Garde
Noordwyk
Echelle de 1500 toises.
Schaal van 1500 Halve Roeden.
Echelle d'une demie lieue commune.
Schaal van eene gemeene Halve-Myl.

KAART VAN DE BUITENSTREEKEN VAN BATAVIA.

CHINE
GOLFE DE TONQUIN
ROYAUME
SIAM
PEGU
GOLFE DE SIAM
ROYAUME DE CAMBOGE
CARTE
DES ROYAUMES DE
SIAM,
DE TUNQUIN,
Pegu, Ava, Aracan &c.

KAART DER KONINGRYKEN SIAM, TONKIN, PEGU, AVA, ARAKAN, &c.
Om te dienen tot de Historische Beschryving der Volkeren.

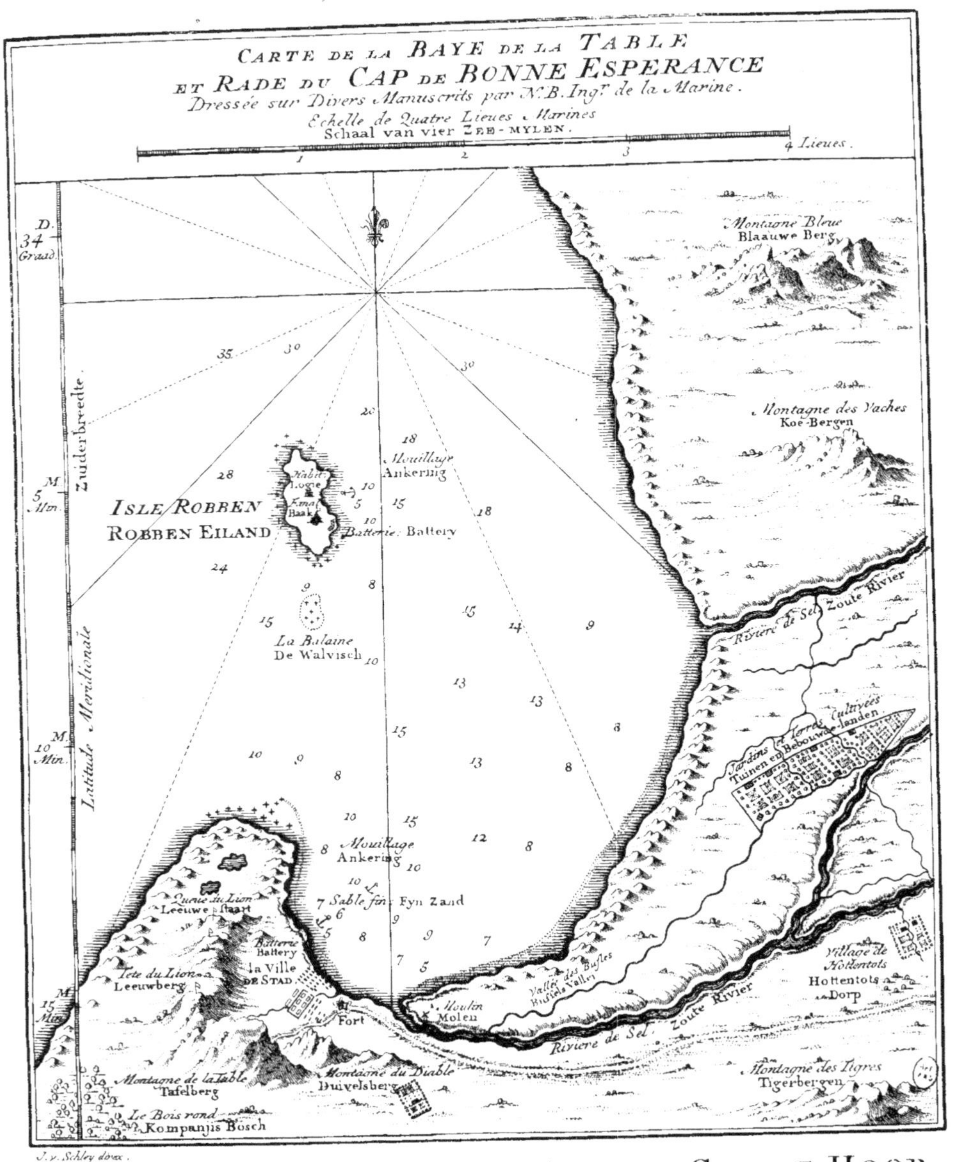

KAART der TAFELBAAI en REE van KAAP de GOEDE HOOP,
Geschikt op verscheide HANDSCHRIFTEN, door N.B. Ingenr des Franssen Zeevaards.

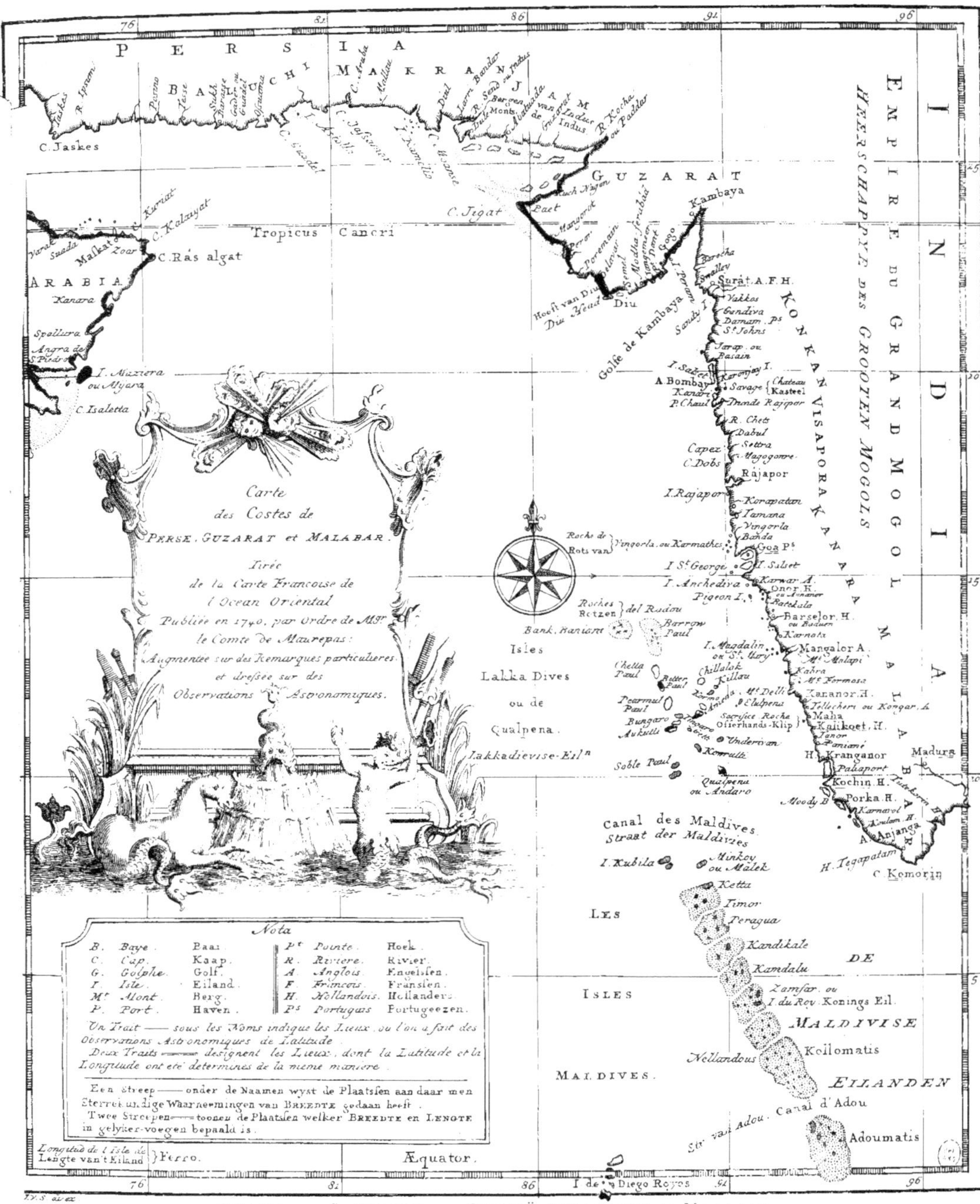

Nota

B.	Baye.	Baai.
C.	Cap.	Kaap.
G.	Golphe.	Golf.
I.	Isle.	Eiland.
Mt.	Mont.	Berg.
P.	Port.	Haven.
Pt.	Pointe.	Hoek.
R.	Riviere.	Rivier.
A.	Anglois.	Engelsen.
F.	Francois.	Fransen.
H.	Hollandois.	Hollanders.
Ps.	Portugais.	Portugeezen.

Un Trait ——— sous les Noms indique les Lieux ou l'on a fait des Observations Astronomiques de Latitude.
Deux Traits ═══ designent les Lieux, dont la Latitude et la Longitude ont ete determines de la meme maniere.

Een streep ——— onder de Naamen wyst de Plaatsen aan daar men Sterrekundige Waarneemingen van BREEDTE gedaan heeft.
Twee Streepen ═══ toonen de Plaatsen welker BREEDTE en LENGTE in gelyker-voegen bepaald is.

KAART van de KUSTEN van PERSIË, GUZARATTE en MALABAR.
Gemaakt na de Fransse-Kaart van den Ooster-Oceaan, uitgegeven Ao. 1740 op Bevel van den Hre. Grave de Maurepas:
Vermeerdert op byzondere Aanmerkingen, en geschikt volgens Sterrekundige Waarneemingen.

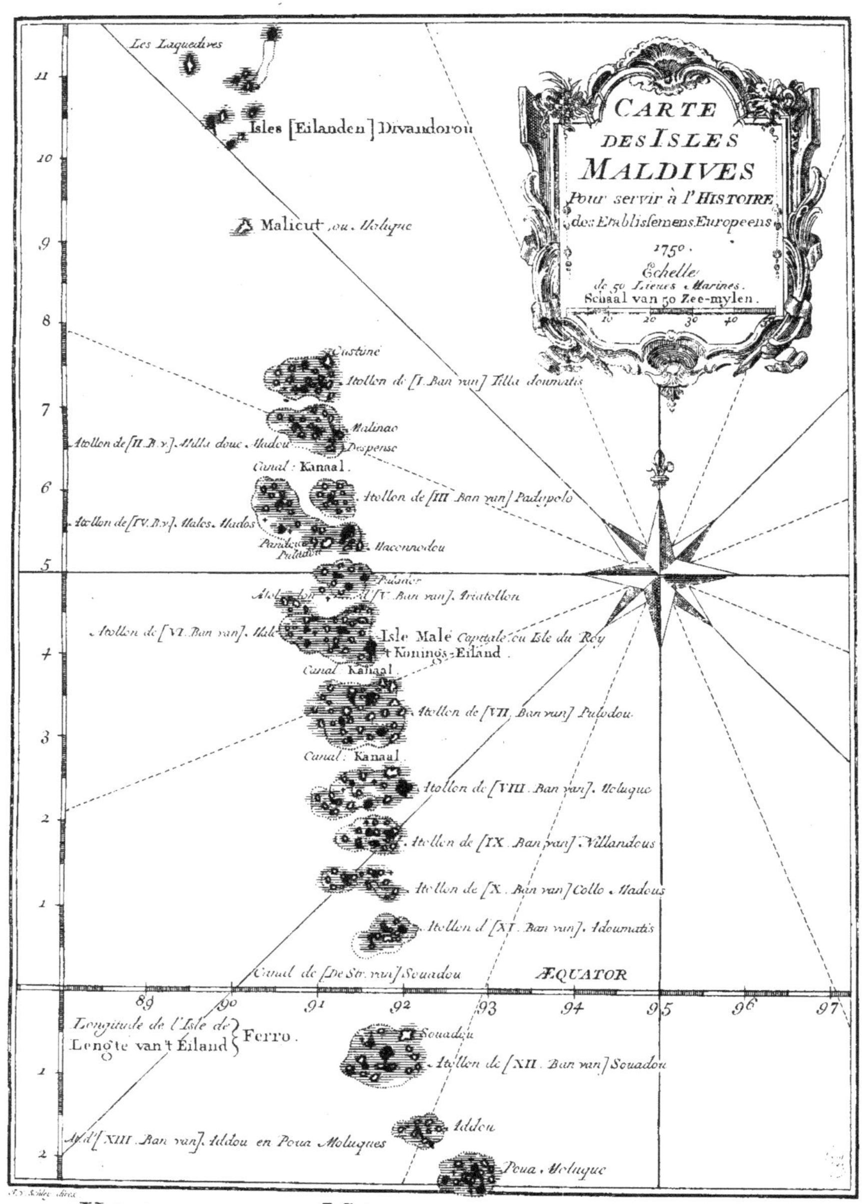

KAART DER MALDIVISE EILANDEN,
om te dienen voor de HIST. BESCHR. der VOLKPL. 1750.

17.

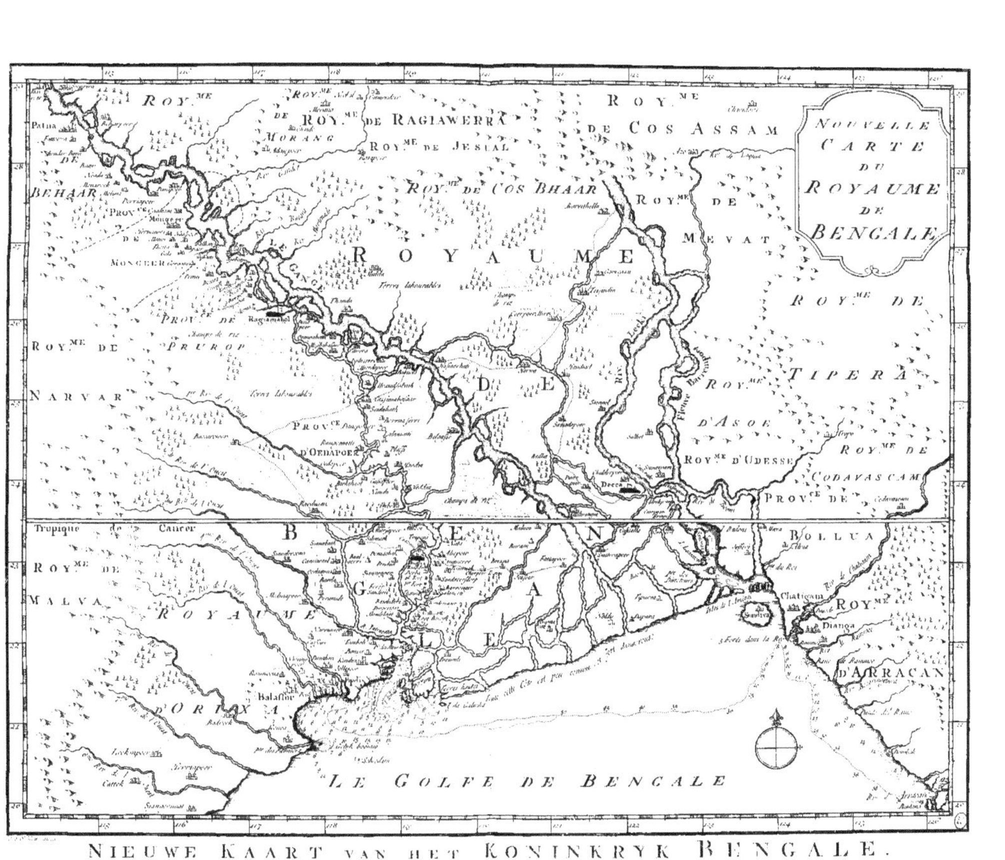

NIEUWE KAART VAN HET KONINKRYK BENGALE.

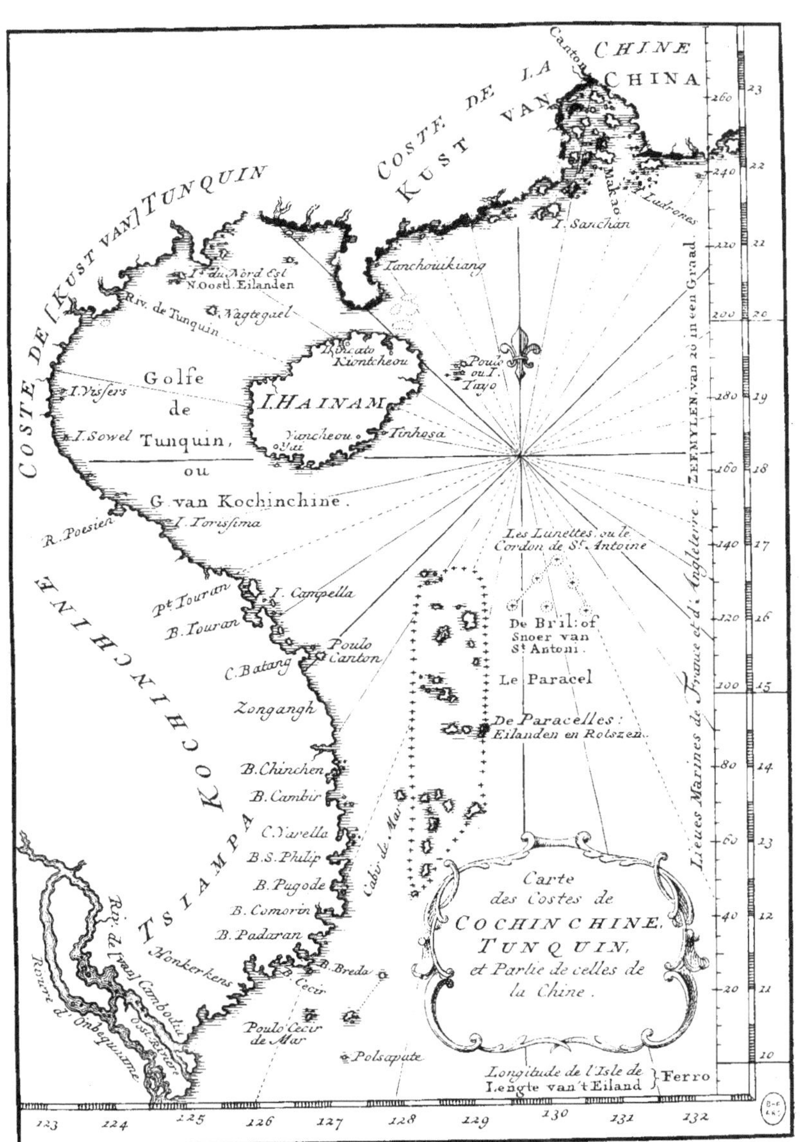

KAART van de KUSTEN van KOCHINCHINE, van TUNQUIN, en
Gedeeltelyk van de CHINEESSE-KUST.

J. v. Schley direx.

KAART van de FILIPPYNSE, CELEBES, en MOLUKSE-EILANDEN.

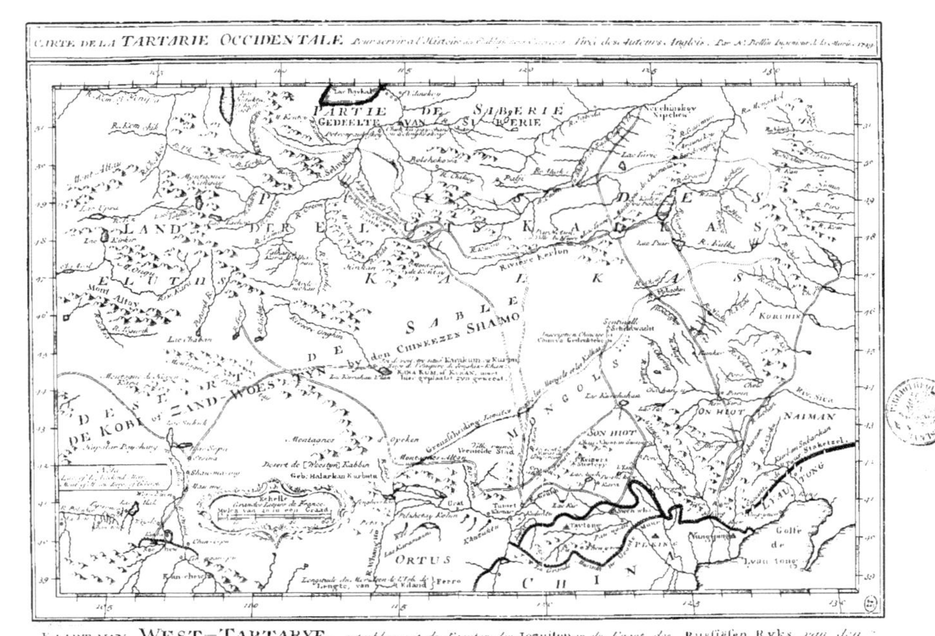

CARTE DE LA TARTARIE OCCIDENTALE. Pour servir a l'Histoire des Voyages. Tirée des Auteurs Anglois. Par M. Bellin Ingenieur de la Marine. 1749.
PARTIE DE SIBERIE
GEDEELTE VAN SIBERIE
Lac Baykal
DESERT
'T LAND DER ELUTHS
ELUTHS
Mont Altay
KALKAS
SABLE SHAMO
DE ZAND-WOESTYN by den CHINEEZEN SHAMO
DESERT DE KOBI of ZAND-WOESTYN
Rivière Kerlun
MONGOLS
SON HIOT
ON HIOT
NAIMAN
LIAU TONG
Desert de 'Woestyn Kablan
Geb: Halarkan Kurbuta
ORTUS
CHINA
Golfe de Lyau tong
Nerchinskoy Nipchew
KURHIN
Lac Pira
Lengte, van 't Eiland Ferro

KAART VAN WEST—TARTARYE, getrokken uit de Kaarten der Jezuiten en de Kaart des Rußießen Ryks van den
Hr. KYRILLOW, op de ENGELSCHE in dit Bestek gebragt, door N. BELLIN, 1749.

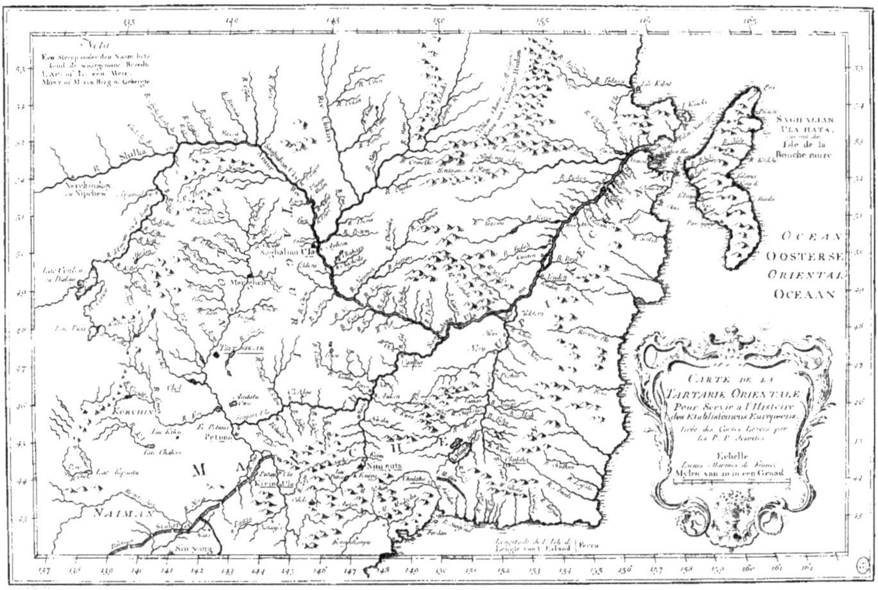

KAART van OOST-TARTARYE, gelyk die geligt is door de JEZUITEN A° 1709-10-en 11. Op de ENGELSCHE in dit Bestek gebragt.

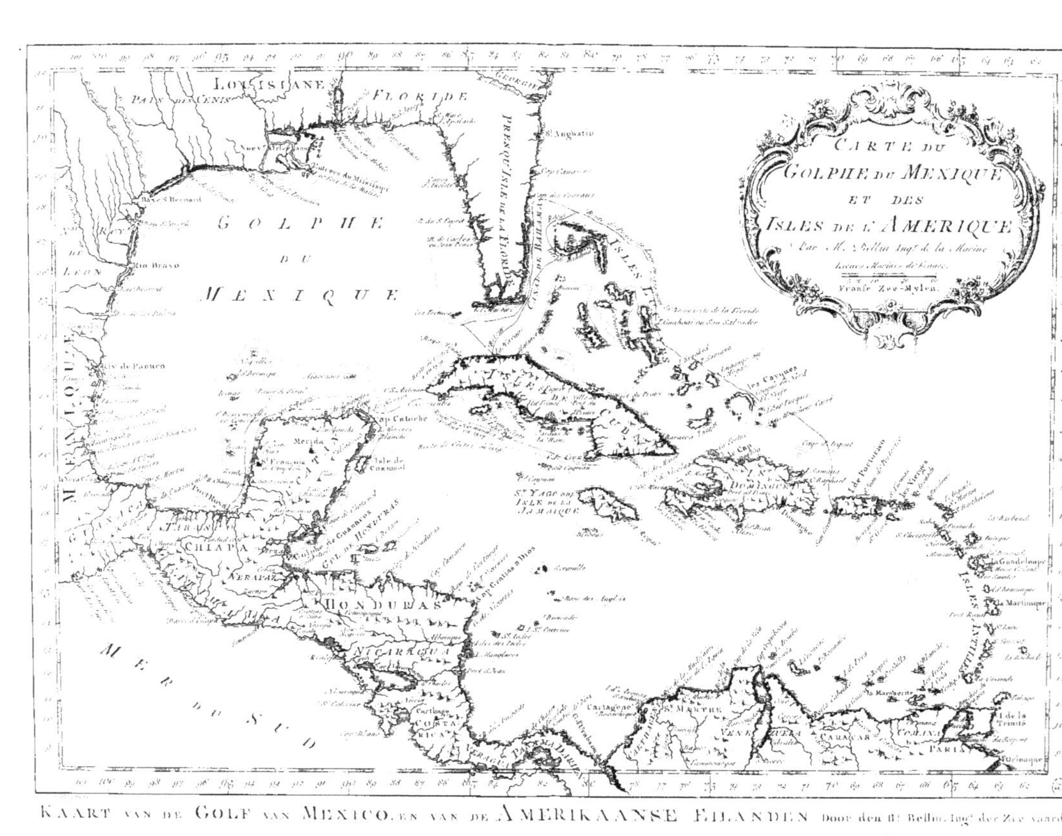

KAART VAN DE GOLF VAN MEXICO, EN VAN DE AMERIKAANSE EILANDEN Door den Hr. Bellin Ingr. der Zee vaard.

CARTE DE
L'ISLE D'HAYTI,
Aujourd'hui l'Espagnole, ou
L'ISLE DE St DOMINGUE,
Avec les Isles voisines:
Suivant la Découverte de l'Année 1492,
Et les premiers Etablissemens des Espagnols,
Par M. Bellin, Ing. de la Marine.
LE PRACEL
les Caiques
ISLE DU CACHIQUE
ISLE DE JAMAIQUE
ISLE D'HAYTI
CAYE DU CACIQUE GOACANACARIC
PETIT CACIQUE
CACIQUE BEHECHIO
CACIQUE CAYACOA
I. BORIQUEN ou St JEAN BAPTISTE

KAART van 't EILAND HAYTI, heedendaags HISPANIOLA, of St DOMINGO, met de nabuurige EILANDEN.
Volgens de Ontdekking van 't Jaar 1492. en de eerste Etablissementen der Spanjaarden Door den Hr Bellin, Ing. der Zee-vaard.

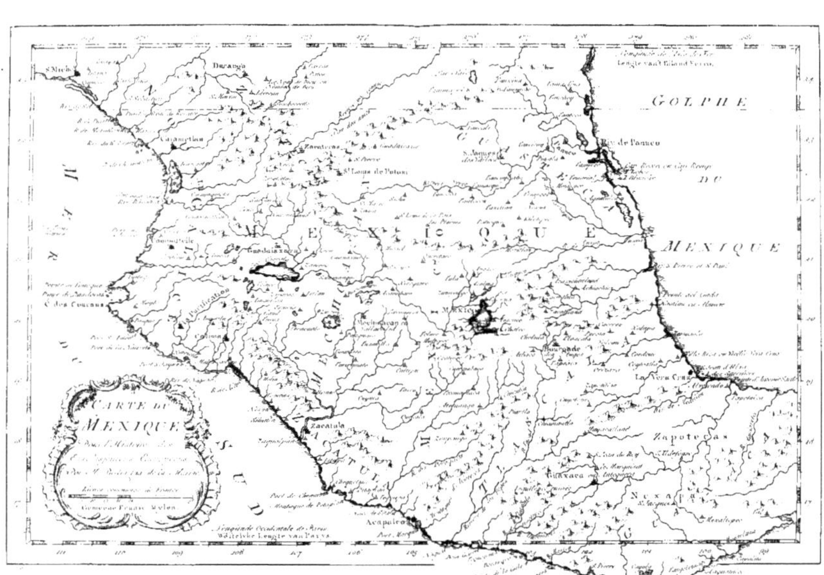

KAART VAN HET MEXICO, Door den Hr Bellin

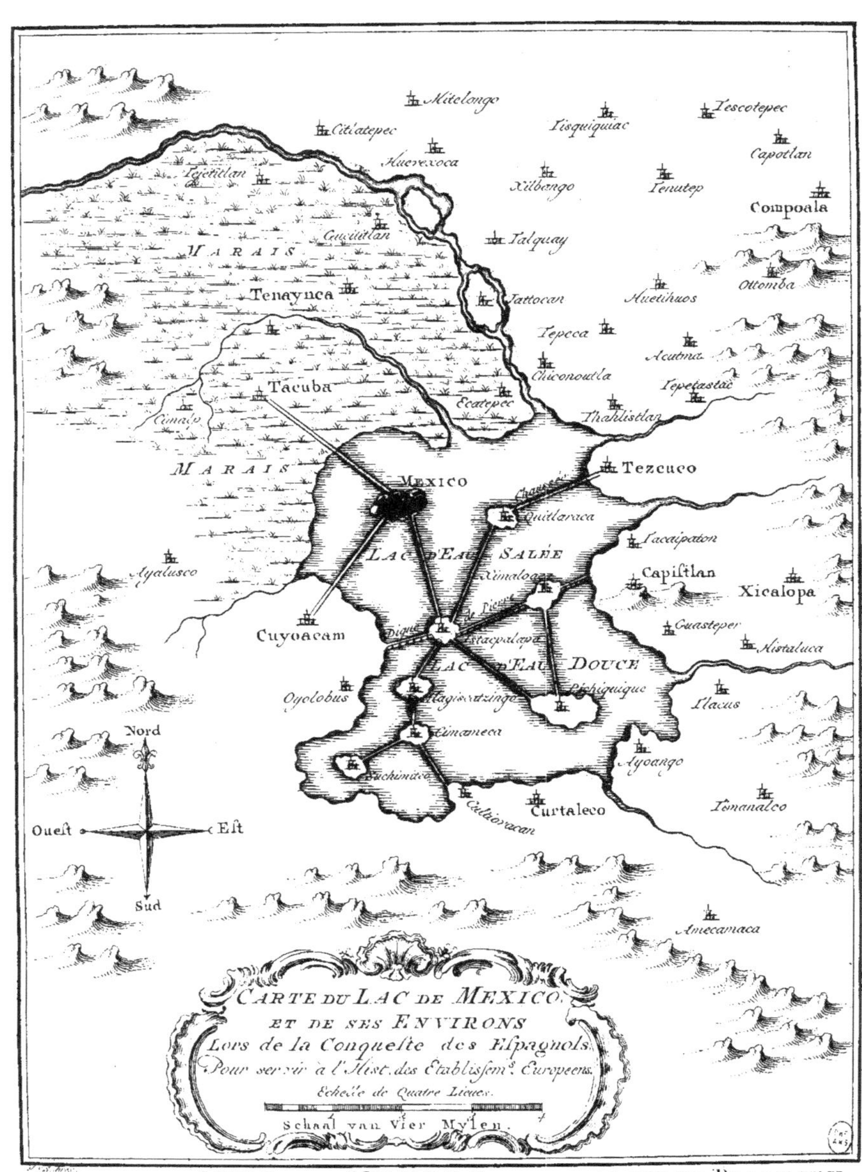

Mitelongo
Citlatepec
Tescotepec
Tisquiquiac
Capotlan
Huexexoca
Xilbango
Tenutep
Compoala
Tejetitlan
MARAIS
Cueitlan
Talquay
Tenaynca
Jattocan
Huetihuos
Ottomba
Tepeca
Acutna
Chiconoutla
Tepetastac
Tacuba
Ecatepec
Thahlistlan
Cimalo
Tezcuco
MARAIS
MEXICO
Chauvec
Quitlaraca
LAC D'EAU SALÉE
Jacaipaton
Ayalusco
Ximaloa
Capistlan
Xicalopa
Piet
Cuyoacam
Digue
Guasteper
Histaluca
Itacpalapa
LAC D'EAU DOUCE
Oyolobus
Hagisantzingo
Pichiguique
Ilacus
Aimaneca
Ayoango
Suchimilco
Culaiosacan
Curtaleco
Temanalco
Nord
Ouest
Est
Sud
Amecamaca

CARTE DU LAC DE MEXICO
ET DE SES ENVIRONS
Lors de la Conquête des Espagnols
Pour servir à l'Hist. des Établissem.s Europeens.
Echelle de Quatre Lieues.
Schaal van Vier Mylen.

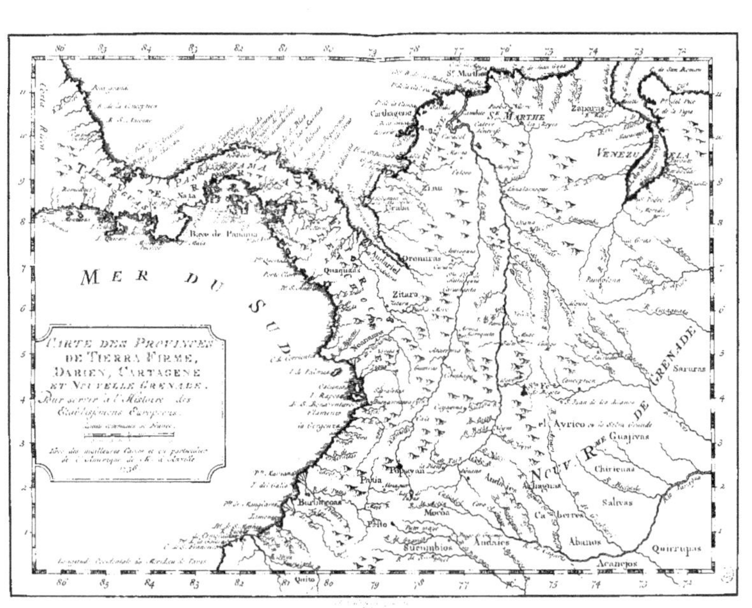

CARTE DES PROVINCES DE TIERRA FIRME, DARIEN, CARTAGENE ET NOUVELLE GRENADE.
Pour servir à l'Histoire des Etablissemens Européens
MER DU SUD
VENEZUELA
Sta MARTHE
Cartagene
Sta Martha
Zapaqua
NOUV. Rme DE GRENADE
Panama
Baye de Panama
Quaquada
Zitara
Burbacoas
Pasta
Surumbios
Guajivas
Chiricoas
Salivas
Abanos
Quirrupis
Acanejos

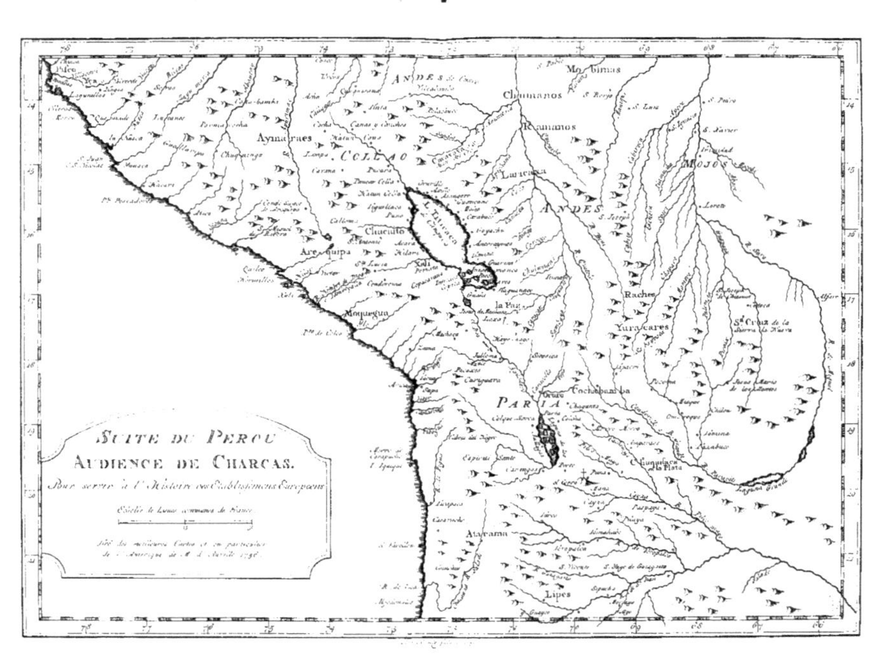

SUITE DU PEROU
AUDIENCE DE CHARCAS.
Pour servir à l'Histoire des Etablissemens Européens
Echelle de Lieues communes de France
Tiré des meilleures Cartes et en particulier
de l'Amerique de M. d'Anville 1756

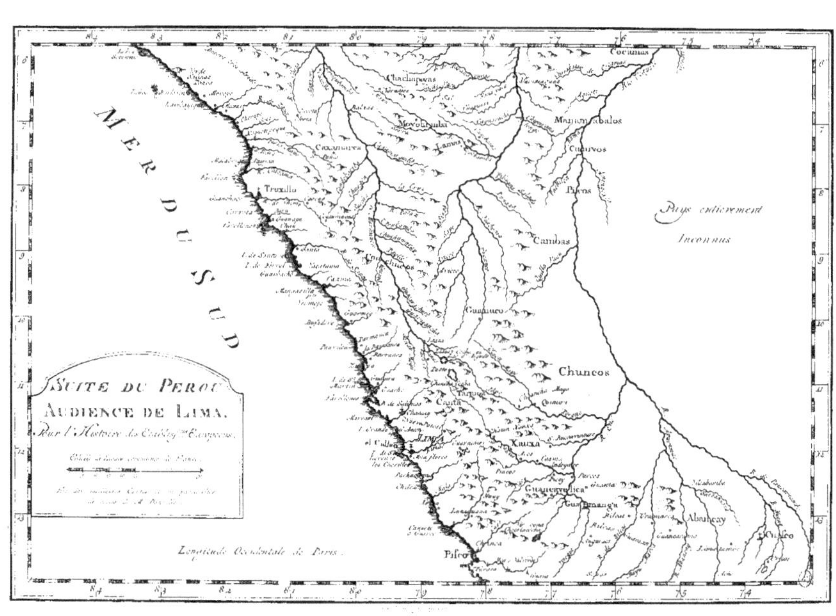

MER DU SUD
Pays entierement
Inconnus
Cocunas
Chachapoias
Moyobamba
Mamanabalos
Cuervos
Caxamarca
Lamas
Paros
Truxillo
Cambas
Chincos
Guanuco
Chuncos
SUITE DU PEROU
AUDIENCE DE LIMA.
Pour l'Histoire des Etablissemens Europeens.
el Callao
LIMA
Xauxa
Guancavelica
Guamanga
Abancay
Cuzco
Longitude Occidentale de Paris.
Pisco

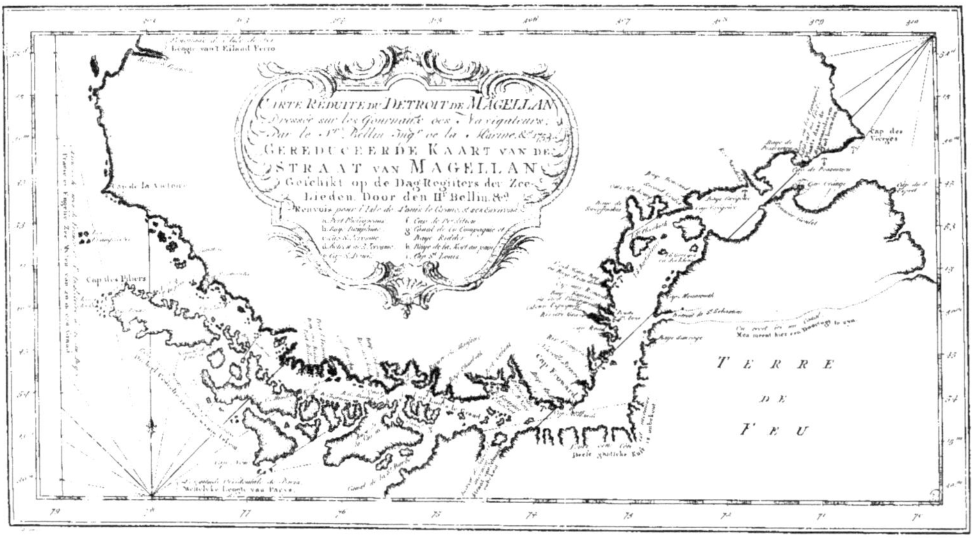

CARTE REDUITE DU DETROIT DE MAGELLAN
Dressée sur les Journaux des Navigateurs.
Par le Sr. Bellin Ingr. de la Marine &c. 1753
GEREDUCEERDE KAART VAN DE
STRAAT VAN MAGELLAN
Geschikt op de Dag Registers der Zee-
Lieden. Door den Hr Bellin. &c.
Renvois pour l'Isle de Louis le Grand, & ses Environs
a. Port Phelypeaux.   f. Cap de Perdition
b. Baye Dauphine.   g. Canal de la Compagnie et
c. Isle S. Louis.   Baye Rodelse
d. Isles de S. Louis.   h. Baye de la Mort du vent
e. Cap S. Louis.   i. Cap St Louis.

Lengte van 't Eiland Ferro

Cap de la Victoire
Cap des Pilliers

Cap des
Vierges

TERRE
DE
FEU

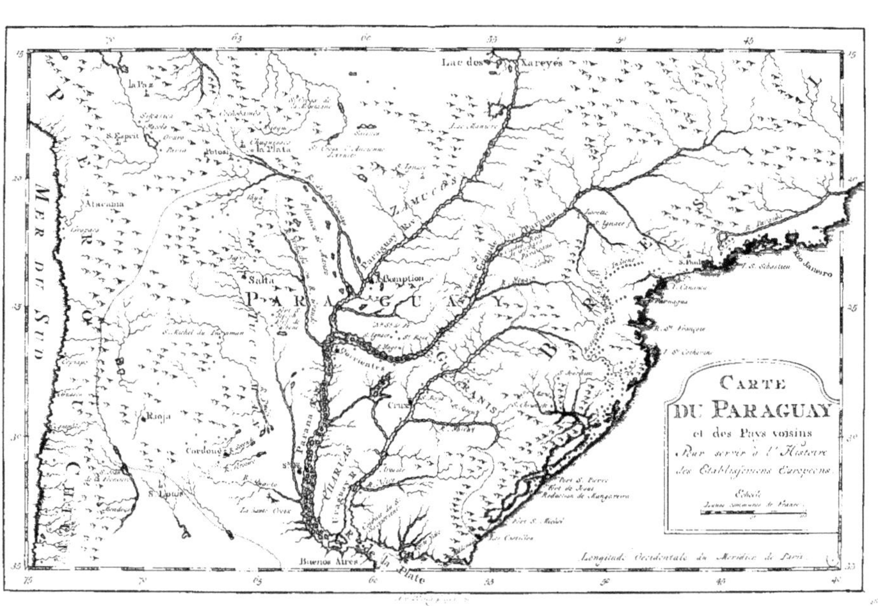
CARTE
DU PARAGUAY
et des Pays voisins
Pour servir à l'Histoire
des Etablissemens Européens

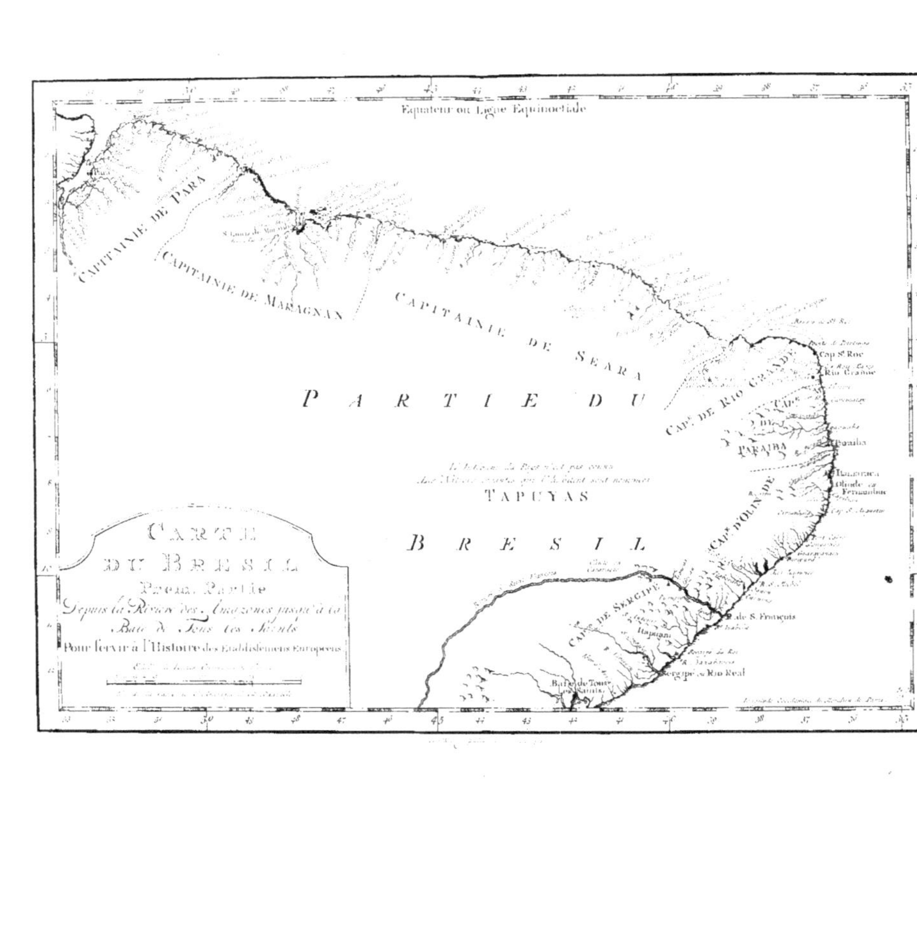

Equateur ou Ligne Equinoctiale
CAPITAINE DE PARA
CAPITAINE DE MARAGNAN
CAPITAINE DE SEARA
PARTIE DU
BRESIL
TAPUYAS
CAP. DE RIO GRANDE
PAFAIBA
CAP. D'OLINDE
CAP. DE SERGIPE
Cap S. Roc
Rio Grande
Paraiba
Olinde ou Fernambuc
Baie de Tous les Saints
Sergipe ou Rio Real
CARTE
DU BRESIL
Prem. Partie
Depuis la Rivier des Amazones jusqu'à la
Baie de Tous les Saints
Pour servir à l'Histoire des Etablissemens Europeens

SUITE
DU BRESIL,
Pour servir à l'Histoire des
Etablissemens Europeens.
Lieues communes de France.
+ Villages d'Indiens et Missions ruinées.
tiré de la Carte de l'Amerique de
Mr. Danville.
PARTIE DU PARAGUAY
BRESIL
GUARANIS
Isle St. Catherine
Port St. Pierre
Lac de Merim
Cap. Ste. Marie
RIV. DE LA PLATA
Longitude Occidentale du Meridien de Paris.

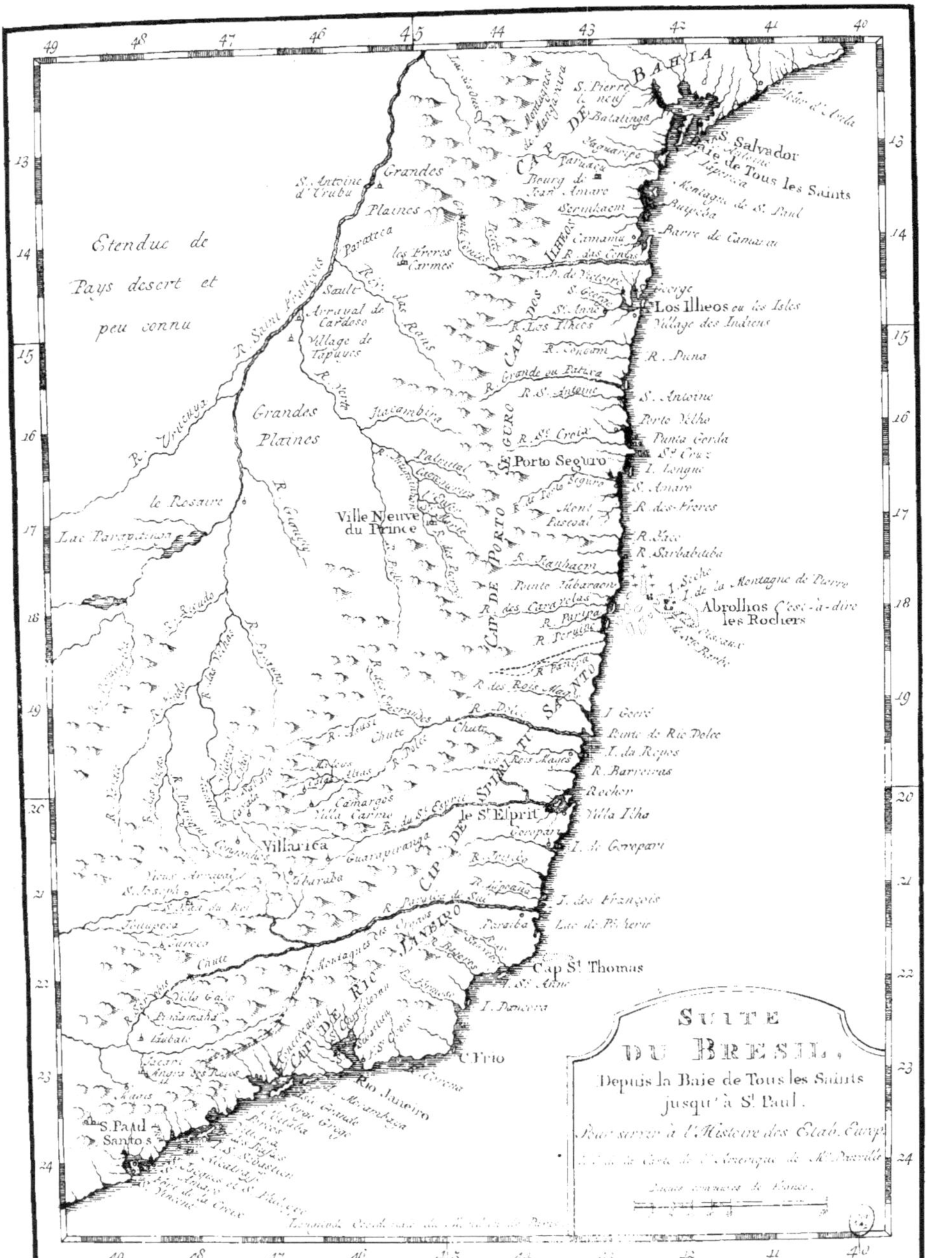

SUITE
DU BRESIL,
Depuis la Baie de Tous les Saints
jusqu'à St. Paul.
Pour servir à l'Histoire des Etab. Europ.
Tiré de la Carte de l'Amérique de Mr. D'Anville
Lieues communes de France.

BAHIA
CAP. DE
CAP DES ILHEOS
CAP DE PORTO SEGURO
CAP DE SPIRITU SANTO
CAP DE ST ESPRIT
CAP DE RIO JANEIRO

Etendue de Pays desert et peu connu
Grandes Plaines
Grandes Plaines
Grandes Plaines

S. Pierre le neuf
S. Batalinga
Jaguaripe
Taruaca
Bourg de Jean Amaro
Sermkaem
Camamu
R. das Contas
N. D. de Victoire
S. George
S. Anne
R. Les Ilheos
R. Coiparm
Grande ou Patava
R. S. Antoine
R. Ste Croix
Patental
Pointe Jabaraon
R. des Caravelas
R. Peruipe
R. Panipe
R. des Rois Mages
R. des Bois
Deise
Chute
Chute
Dolce
Les Rois Mages

S. Antoine d'Urubu
Grandes Plaines
Paratteca
les Freres Carmes
Saule
Arraval de Cardosse
Village de Tapuyes
R. Saint Francisco
R. das Rans
Jacambira
R. Gange
Le Rosaire
Lac Paraguassu
R. Uruguay
Camarges
Villa Carme
Villarica
Guarapiranga
Conombas
Vieux Arrayal
S. Joseph
Roca du Rei
Jaragoca
Chute
Villa Gale
Pitanvahú
Ubatuba
Angra des Reyes
Ylhas
S. Paul
Santos

Ville Neuve du Prince
Porto Seguro

S. Salvador
Baie de Tous les Saints
Montagne de S. Paul
Butypeba
Barre de Camamu
Los Ilheos ou les Isles
Village des Indiens
R. Puna
S. Antoine
Porto Velho
Punta Gorda
St. Cruz
I. longue
S. Amaro
R. des Freres
R. Juco
R. Sarbabutaba
Seche de la Montagne de Pierre
I. de la Montagne de Pierre
Abrolhos C'est-à-dire les Rochers

I. Goeré
Pointe de Rio Dolce
I. da Reyes
R. Barreiras
Rocher
Villa I'ha
Cowpan
I. de Caravari
Le St Esprit
R. Juracão
R. Iupeana
Paraiba
I. des François
Lac de Pecherie
Cap St Thomas
S. Anne
I. Daronna
C. Frio
Rio Janeiro
S. Sebastion

CARTE DU COURS DU MARAGNON OU DE LA GRANDE RIVIERE DES AMAZONES
Dans sa partie navigable depuis Jaen de Bracamoros jusqu'à son Embouchure et qui comprend la Province de QUITO et la Côte de la GUIANE depuis
le Cap de Nord jusqu'à Essequebe
Levée en 1743 et 1744 et assujettie aux Observations Astronomiques par M. de la Condamine
Augmentée du Cours de la Rivière Noire et d'autres détails tirés de divers Mémoires et Routiers manuscrits de Voyageurs modernes
PARTIE DE L'AMERIQUE MERIDIONALE
Longitude Occidentale du Meridien de l'Observat.e de Paris
MER DU SUD
MER DU NORD
NOUV.e R.e DE GRENADE
S.te Fé de Bogota
Popayan
HOLLANDOISE
Suriname
Cayenne
GUIANE PORTUGAISE
C. de Nord
Ligne Equinoctiale
I. des Joanes ou de Marayo
Para
MISSIONS ESPAGNOLES
MAYNAS
Quito
Cuenca
Golfe de Guayaquil
Rio Negro
MISSIONS PORTUGAISES
BRESIL
Lieues Marines de 20 au Degré

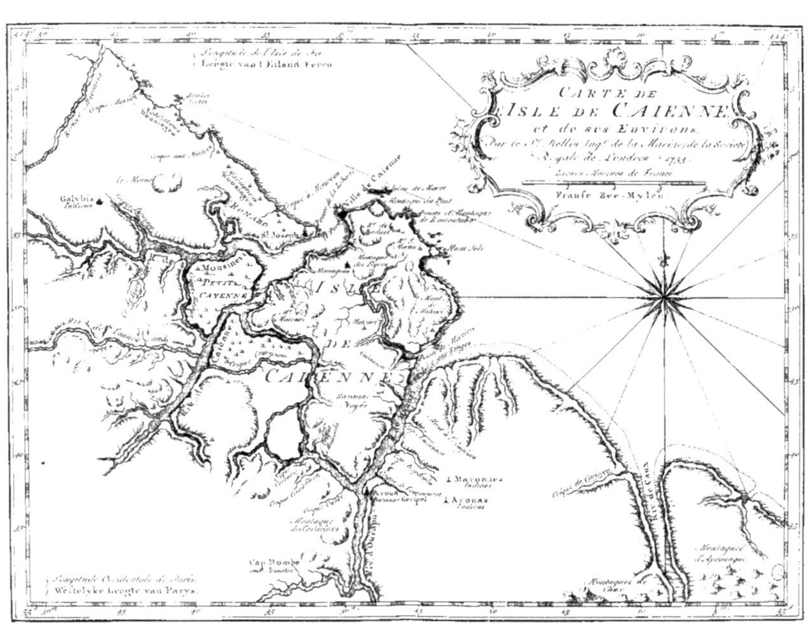

KAART VAN HET EILAND CAYENNE, en omleggende Plaatzen. Door den Hr. Bellin. &c.

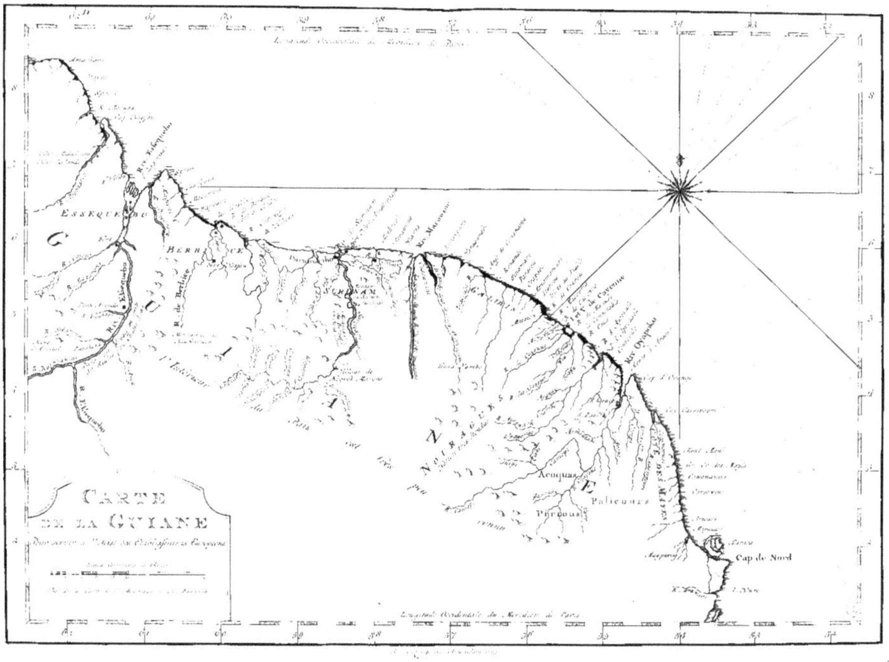

CARTE
DE LA GUIANE
ESSEQUEBO
GUIANE
BERBICE
SURINAM
Rio Maroni
R. Orapaho
Fort de Cayenne
Ile de Cayenne
NOIRAGUES
Acuquas
Pirroui
Palicours
Cap de Nord
Longitude Occidentale du Méridien de Paris
Longitude Occidentale du Méridien de Paris

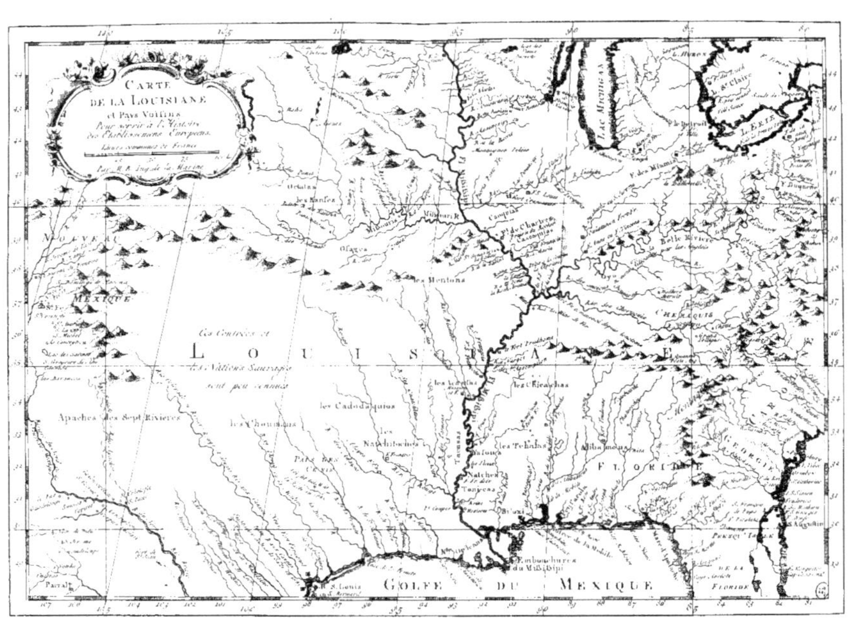

CARTE
DE LA LOUISIANE
et Pays Voisins
Pour servir à l'Histoire
des Etablissemens Européens.
Lieues communes de France
Par M. R. Ingr. de la Marine
NOUVEAU
MEXIQUE
Apaches des Sept Rivieres
Ces Contrées et
LOUISIANE
des Nations Sauvages
sont peu connues
les Cadodaquious
les Thoumans
les Natchitoches
Pays des Cenis
les Osages
les Montons
Missouri R.
F. de Chartres
les Ricarchas
les Tehas
Natchez
Tonicas
Biloxi
Belle Riviere
CHEREKIS
GEORGIE
FLORIDE
Milha
V. des Miamis
Lac Mitchigan
L. Huron
St. Claire
Le Detroit
Lac ERIE
Embouchure
du Mississipi
R. S. Louis
GOLFE DE MEXIQUE
DE LA
FLORIDE
St. Augustin
Paccale

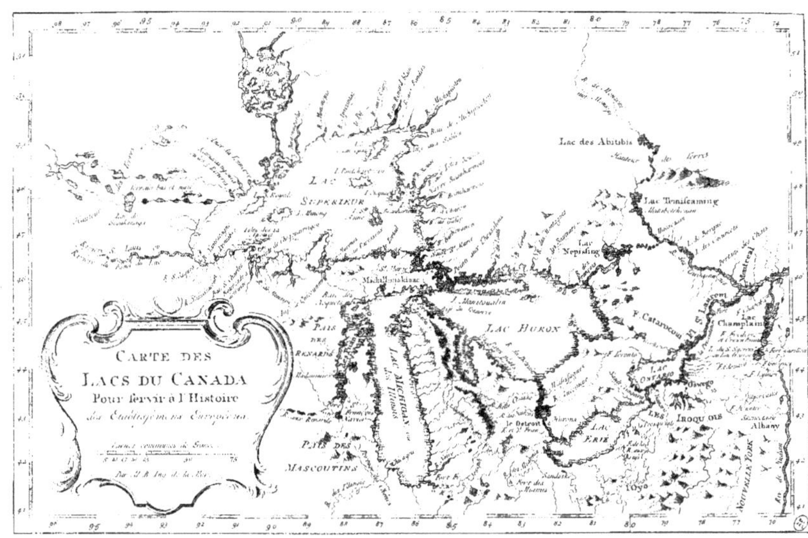

CARTE DES
LACS DU CANADA
Pour servir à l'Histoire
des Etablissemens Européens
LAC SUPERIEUR
LAC HURON
LAC MICHIGAN ou des Illinois
LAC ERIE
LAC ONTARIO
Lac des Abitibis
Lac Temiscaming
Lac Nepising
Lac Champlain
PAIS DES RENARDS
PAIS DES MASCOUTINS
LES IROQUOIS
NOUVELLE YORK
Albany
Machillimakinac
Detroit
Toyo

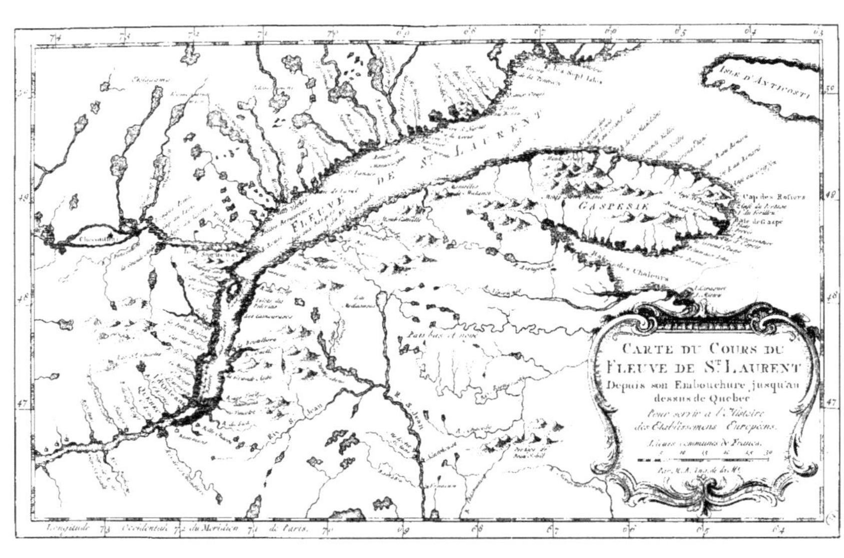

CARTE DU COURS DU
FLEUVE DE St. LAURENT
Depuis son Embouchure jusqu'au
dessus de Quebec
Pour servir a l'Histoire
des Etablissemens Européens.
Lieues communes de France.
Par M. A. Ing. de la M.
ISLE D'ANTICOSTI
GASPESIE
FLEUVE DE St. LAURENT
Longitude Occidentale du Meridien de Paris.

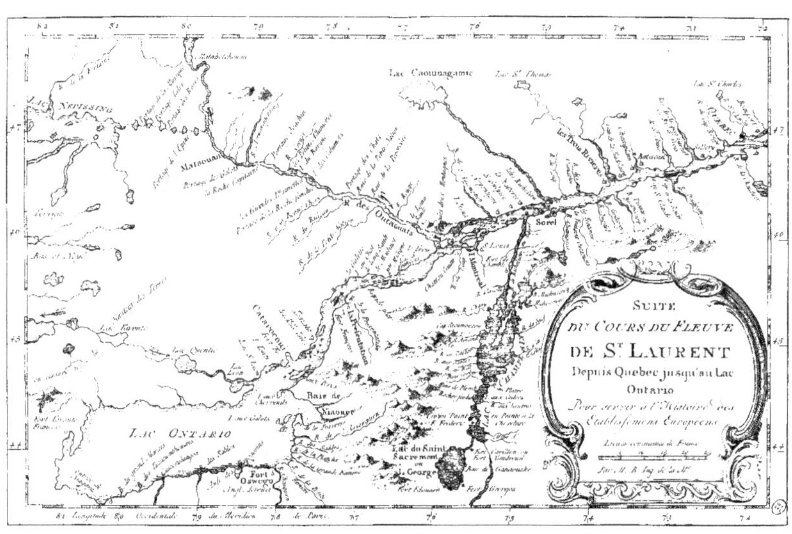

SUITE
DU COURS DU FLEUVE
DE St LAURENT
Depuis Quebec jusqu'au Lac
Ontario
Pour servir à l'Histoire des
Etablissemens Europeens
Lieues communes de France
Suiv. M. B. Ing. de la M.
LAC NIPISSING
Lac Caouuagamie
Lac St Thomas
Lac St Charles
les Trois Rivieres
Sorel
R. des Outaouais
LAC ONTARIO
Baie de
Niagara
Fort
Oswego
Lac du Saint
Sacrement
ou
George

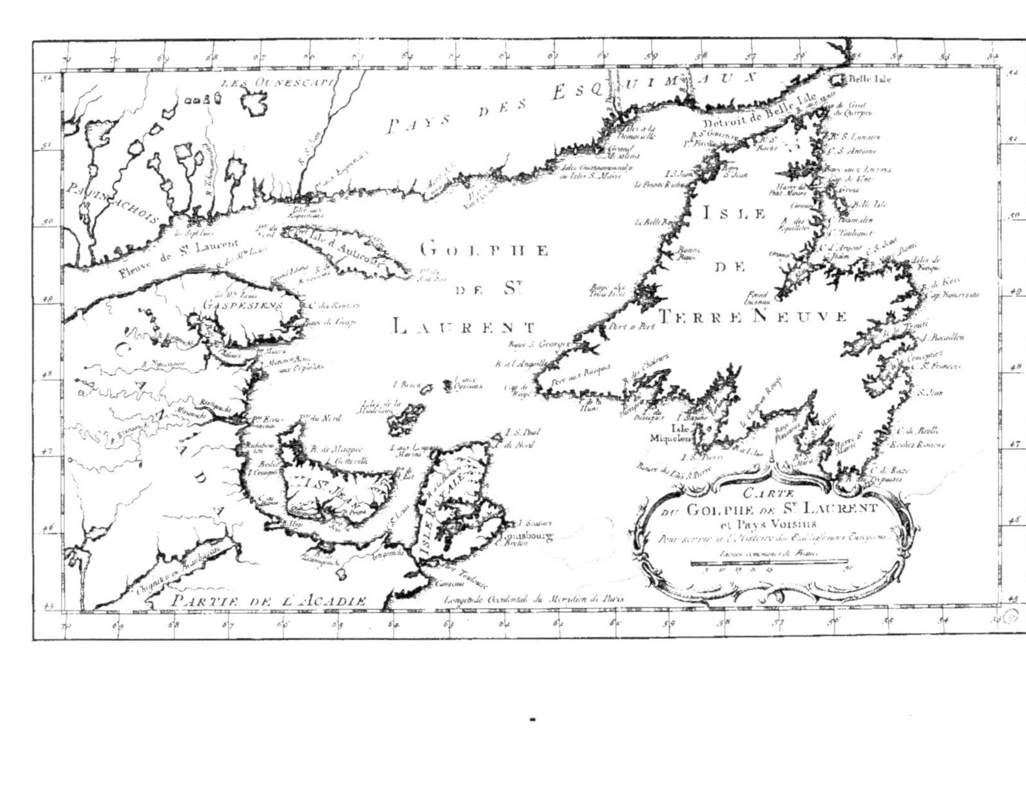

LES OUNESCAPI
PAYS DES ESQUIMAUX
Belle Isle
Detroit de Belle Isle
PAPINACHOIS
Fleuve de St Laurent
Isle d'Anticosti
GOLPHE DE St LAURENT
ISLE DE TERRE NEUVE
GASPESIENS
Baye St Georges
Port a Port
ISLE St JEAN
ISLE ROYALE
Louisbourg
Isle de Miquelon
PARTIE DE L'ACADIE
Longitude Occidentale du Meridien de Paris
CARTE
DU GOLPHE DE St LAURENT
et PAYS VOISINS
Pour servir à l'Histoire des Etablissemens Europeens
Lieues communes de France

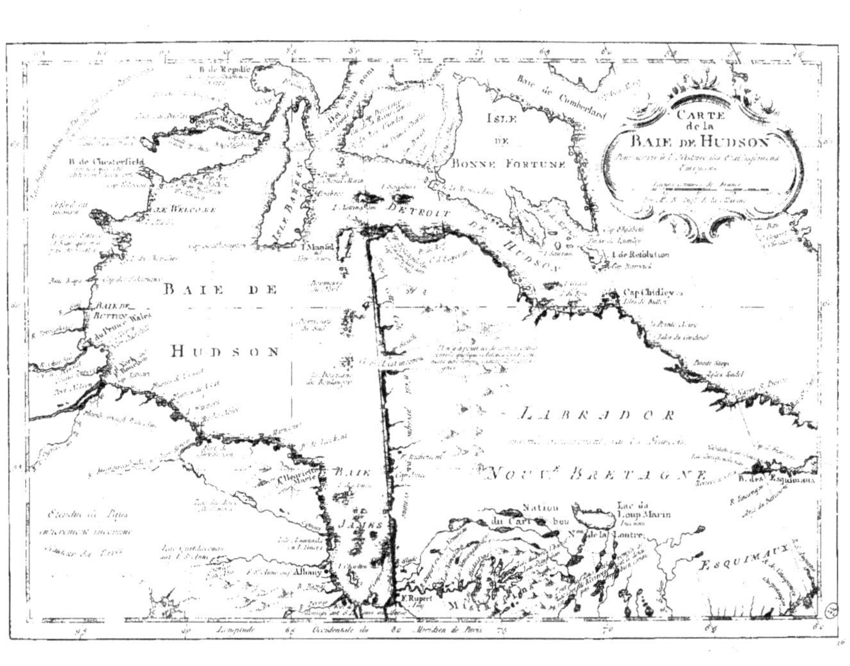

CARTE de la BAIE DE HUDSON
ISLE DE BONNE FORTUNE
DÉTROIT DE HUDSON
Baie de Cumberland
B. de Repulse
B. de Chesterfield
I. WELCOME
ISLE BARREN
I. Mansel
BAIE DE HUDSON
BAIE DE BUTTON
du Prince Galles
I. de Résolution
Cap Chidley
LABRADOR
NOUVe BRETAGNE
BAIE
JAMES
Albany
F. Rupert
Nation du Caribou
Lac du Loup Marin
R. de la Loutre
R. des Esquimaux
ESQUIMAUX
Longitude Occidentale du Méridien de Paris

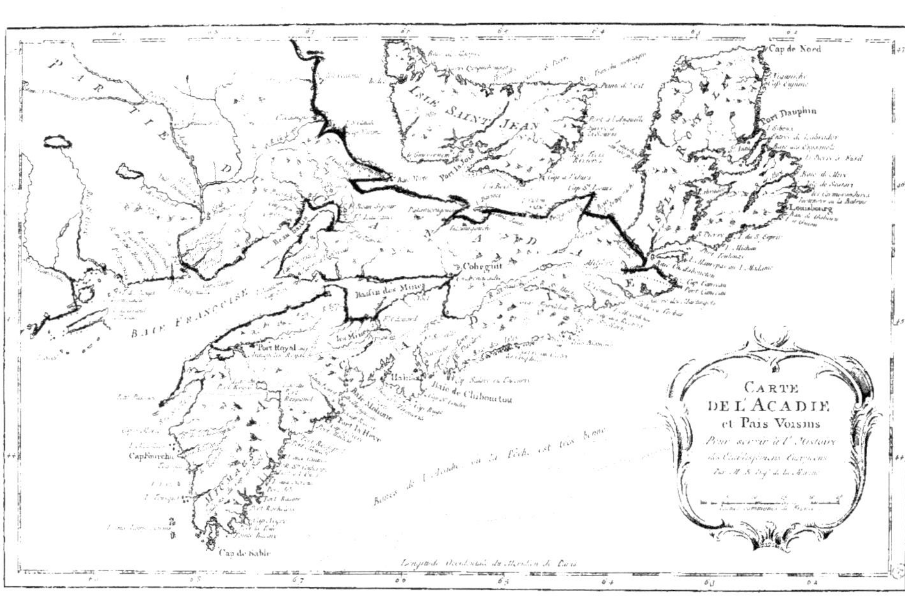

Carte
DE L'ACADIE
et Pais Voisins
Pour servir à l'Histoire
des Etablissemens François
Par M. B. Ing.r de la Marine
PARTIE D
ISLE SAINT JEAN
ISLE ROYALE
Cap de Nord
Port Dauphin
Louisbourg
BAIE FRANÇOISE
Port Royal
les Mines
Bassin des Mines
Cobequit
Cap Fourchu
Cap de Sable
Baie de Chibouctou
Longitude Occidentale du Méridien de Paris

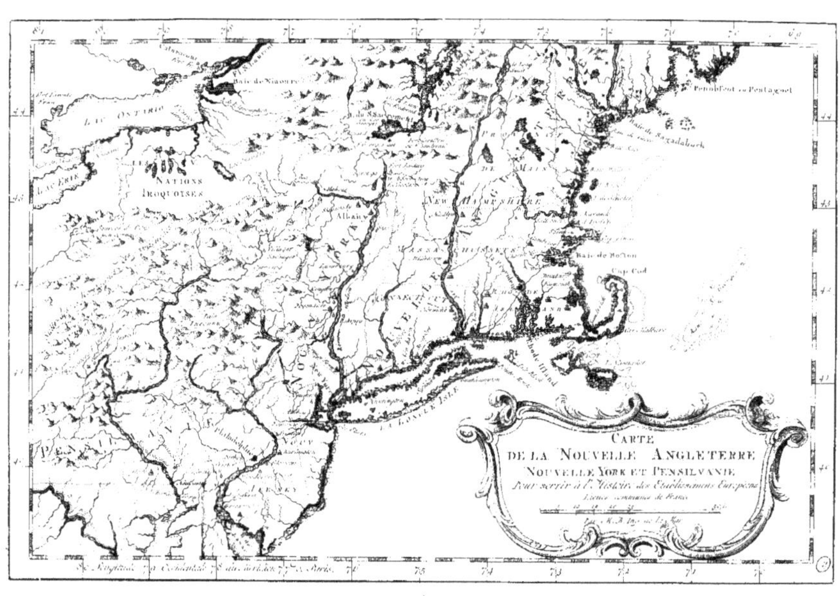

LAC ONTARIO
LAC ERIE
NATIONS IROQUOISES
Baie de Niaoure
Albany
NEW HAMPSHIRE
MASSACHUSSET
Baie de Boston
Cap Cod
Rhode Island
LONG ISLE
PENSILVANIE
Philadelphie
NEW JERSEY
Penobscot ou Pentagoet

CARTE
DE LA NOUVELLE ANGLETERRE
NOUVELLE YORK ET PENSILVANIE
Pour servir à l'Histoire des Etablissemens Européens
Lieues communes de France

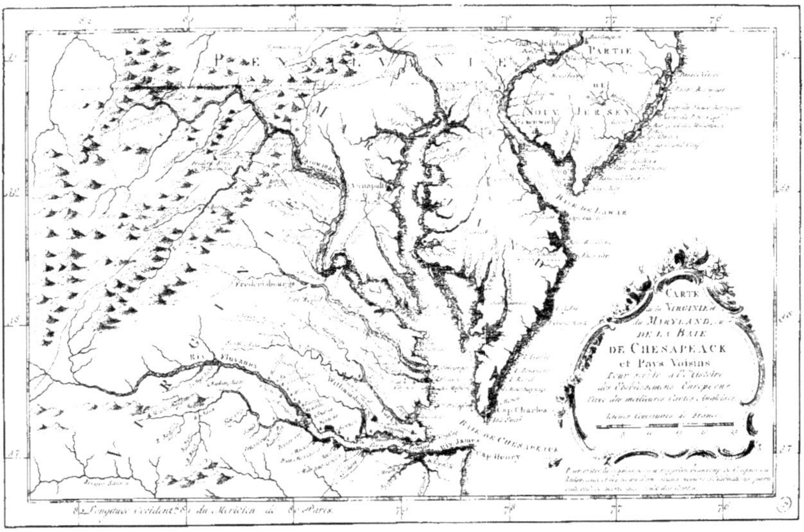

PENSILVANIE
PARTIE
NOUV. JERSEY
Baie de Lawar
Fredericksburg
Riv. Fluvanna
Williamsburg
Annapolis
Cap Charles
Baie de Chesapeack
Cap Henry
James
Longitude Occidentale du Méridien de Paris
CARTE
de la VIRGINIE
du MARYLAND et
DE LA BAIE
DE CHESAPEACK
et Pays Voisins
Pour servir à l'Histoire
des Établissemens Européens
Tiré des meilleures Cartes Angloises
Lieues Communes de France

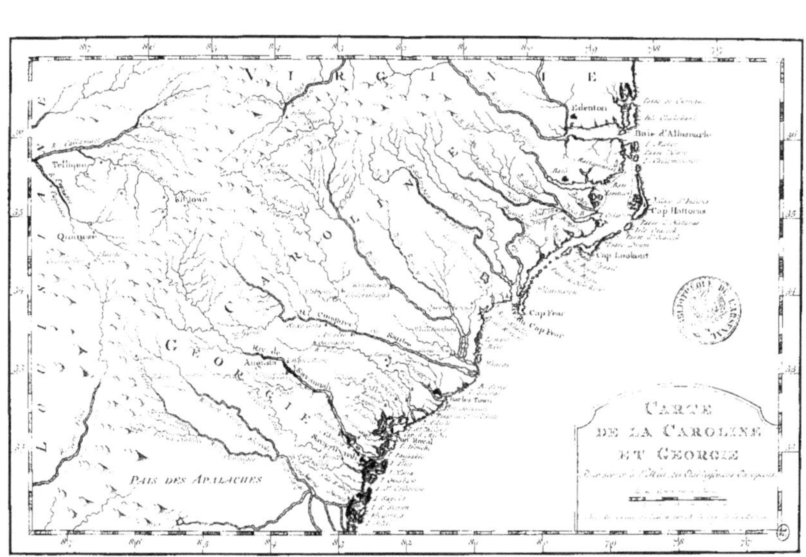

Carte de la Caroline et Georgie